XINBIAN CHUJI CAIWU KUAIJIXUE XUEXI ZHIDAO

新编初级财务会计学学习指导

主编 ○ 罗绍德

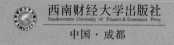

西南财经大学出版社
Southwestern University of Finance & Economics Press
中国·成都

图书在版编目(CIP)数据

新编初级财务会计学学习指导/罗绍德主编. —成都:西南财经大学出版社,2016.9
ISBN 978 - 7 - 5504 - 2648 - 1

Ⅰ.①新… Ⅱ.①罗… Ⅲ.①财务会计—高等学校—教学参考资料
Ⅳ.①F234.4

中国版本图书馆 CIP 数据核字(2016)第 221760 号

新编初级财务会计学学习指导

主编 罗绍德

责任编辑:李晓嵩
封面设计:何东琳设计工作室
责任印制:封俊川

出版发行	西南财经大学出版社(四川省成都市光华村街55号)
网 址	http://www.bookcj.com
电子邮件	bookcj@foxmail.com
邮政编码	610074
电 话	028-87353785 87352368
照 排	四川胜翔数码印务设计有限公司
印 刷	四川森林印务有限责任公司
成品尺寸	185mm×260mm
印 张	10.5
字 数	225 千字
版 次	2016 年 9 月第 1 版
印 次	2016 年 9 月第 1 次印刷
印 数	1— 2000 册
书 号	ISBN 978 - 7 - 5504 - 2648 - 1
定 价	22.00 元

前　　言

　　本书是根据《初级财务会计学》教材编写的配套学习指导，其结构和内容与教材基本一致。本书对各章节的重点和难点进行了概括讲解和说明，并提供了大量的配套练习及参考答案。编写本书的目的是帮助学生更好地理解和掌握教材的内容、重点和难点，通过学习和练习，使学生对会计的基本原理、基本概念、基本操作方法与程序有更深入的了解，为中级财务会计、高级财务会计、管理会计、成本会计、企业财务管理等其他课程的学习打下坚实的基础。

　　本书包括三个部分：第一部分是概括各章节学习重点和难点，并对难点内容进行讲解和说明；第二部分是练习题，主要包括单项选择题、多项选择题、判断题、名词解释、简答题、会计业务处理题；第三部分是参考答案。本书的练习题根据教材的内容、学习目的和要求，从不同的角度有针对性地设计，对学生学好初级财务会计有很好的帮助。

　　本书由暨南大学管理学院会计系罗绍德教授编写，王新颖、汤晓兵、周小燕、张莉、王志涛、蔡奋、李唐晨、曹椿苗等为本书的初稿编写做了大量的工作。在编写过程中，我们参考了《基础会计学》《会计学原理》《初级财务会计》等教材及相关的辅导资料，借鉴了别人的长处，汲取了其中的精华。我们本着认真、细心的态度编写本书，但书中不可避免地仍存在着错误或不足，恳请读者批评指正。我们真心希望本书能给各位读者带来帮助。

编　者

2016 年 8 月

目　　录

第一章 导 论

学习重点及难点

一、会计的概念

关于会计的概念，目前在我国存在两种观点，即"会计管理论"和"会计信息论"。

会计管理论认为，会计是一项管理活动。会计是以货币为主要计量单位，对企业、事业等单位的经济活动进行连续、系统、全面、综合的反映和监督的一种管理活动。

会计信息论认为，会计是一个经济信息系统。会计是旨在提高企业和各单位的经济效益，为加强经济管理而建立的一个以提供财务信息为主的经济信息系统。

二、会计的职能

会计的职能是指会计在企业经营管理过程中所具有的功能。会计的基本职能是反映职能、监督职能。《中华人民共和国会计法》第五条规定：会计机构、会计人员依照本法规定进行会计核算（反映），实行会计监督。

会计的反映职能主要是以货币计量为主，其他计量为辅，反映各单位的经济活动情况，为企业内部和外部单位及个人提供财务信息。

会计的监督职能是指会计对其主体的经营活动按照会计的目标进行调整，使之达到预期的目的。

三、会计目标

会计目标是指会计人员从事会计实践活动所希望达到的预期结果或目的。

会计目标是为会计信息使用者提供真实、可靠、与决策相关的财务信息。

我国 2006 年 2 月 15 日发布的《企业会计准则——基本准则》第四章规定：财务会计报告的目标是向财务会计报告使用者提供与企业财务状况、经营成果和现金流量等相关的会计信息，反映企业管理层受托责任履行情况，有助于财务会计报告使用者作出经济决策。

四、会计方法

会计方法是会计人员为反映和监督会计的具体内容，完成会计目标而运用的一种特定的方法。

会计方法包括三大内容，即会计核算方法、会计分析方法和会计检查方法。会计核算是会计的基本环节。会计分析是会计核算的继续和发展。会计检查是会计核算的必要补充。

会计核算方法是对会计对象（会计要素）及其具体内容进行连续、系统、全面、综合的记录、计算、反映和控制所应用的专门方法。会计核算方法包括七种：设置账户、复式记账、填制和审核凭证、登记会计账簿、成本计算、财产清查、编制财务报表。

五、会计假设

会计假设是指在长期的会计实践中已被人们用做处理会计工作的习惯或通行的做法，它是建立会计原则的基础。

会计假设有四个，即会计主体、持续经营、会计分期、货币计量。

六、会计信息质量要求

我国 2006 年 2 月 15 日发布的《企业会计准则——基本准则》第二章关于会计信息质量要求规定了八个基本原则：真实性、相关性、清晰性、可比性（包括一致性）、实质重于形式、重要性、稳健性和及时性。

练习题

一、单项选择题

1. 会计核算使用的主要计量单位是（　　）。

　A. 实物计量　　　　　　　　　　B. 劳动工时计量

　C. 货币计量　　　　　　　　　　D. 以上三个任选一个

2. 西方会计史中，第一部比较系统地介绍有关簿记内容的书的作者是（　　）。

　A. 美国人　　　　　　　　　　　B. 意大利人

　C. 英国人　　　　　　　　　　　D. 法国人

3. 在宋朝时期，我国会计采用的是（　　）。

　A. 借贷记账法　　　　　　　　　B. 单式记账法

　C. 四柱结算法　　　　　　　　　D. 增减记账法

4. 会计的目标是（　　）。

　A. 主要为经营管理者服务

　B. 保证国家财经政策的落实

　C. 监督企业经营者依法行事

　D. 为信息使用者提供决策有用的信息及反映受托者的责任履行情况

5. 会计的基本职能是（　　）。

    A. 预测与决策   B. 核算与监督

    C. 监督与分析   D. 计划与控制

6. 属于会计核算方法之一的是（　　）。

    A. 会计分析   B. 会计检查

    C. 财产清查   D. 会计监督

7. 在我国，制定会计准则和会计制度的机构是（　　）。

    A. 全国人民代表大会常务委员会   B. 国务院所属的财政部

    C. 企业上级主管部门   D. 企业或公司的决策机构

8. 现代会计起源于（　　）。

    A. 19 世纪末   B. 20 世纪初

    C. 1449 年   D. 1494 年

9. 会计信息论认为（　　）。

    A. 会计是一种技术   B. 会计是一个信息系统

    C. 会计是一门艺术   D. 会计是一项管理活动

10. 会计主体（　　）。

    A. 一定是法律主体   B. 一定不是法律主体

    C. 可能大于、等于或小于法律主体   D. 小于法律主体

11. 界定企业会计核算空间范围的会计假设是（　　）。

    A. 会计分期   B. 会计主体

    C. 持续经营   D. 货币计量

12. 将融资租赁固定资产视为本企业固定资产进行会计核算，是会计信息质量要求的（　　）要求。

    A. 及时性   B. 稳健性

    C. 实质重于形式   D. 重要性

13. 界定了企业经济业务的时间范围的会计假设是（　　）。

    A. 会计分期   B. 持续经营

    C. 会计主体   D. 货币计量与币值不变

14. 会计分期是建立在（　　）基础之上的。

    A. 会计主体   B. 持续经营

    C. 会计期间   D. 权责发生制

15. 会计核算能提供的信息是（　　）。

    A. 未来信息   B. 预测信息

    C. 分析过的信息   D. 历史信息

二、多项选择题

1. 会计的基本职能是（　　　）。

    A. 反映　　　　　　　　　　　　　B. 计划和协调

    C. 预测和决策　　　　　　　　　　D. 监督

2. 属于会计核算方法的是（　　　）。

    A. 设置账户、登记账簿　　　　　　B. 填制和审核凭证

    C. 复式记账、财产清查　　　　　　D. 成本计算、编制会计报表

3. 下列不属于会计核算方法的是（　　　）。

    A. 会计分析　　　　　　　　　　　B. 复式记账

    C. 会计检查　　　　　　　　　　　D. 财产清查

4. 会计的基本特征是（　　　）。

    A. 对企业未来进行预测　　　　　　B. 以原始凭证为依据

    C. 以货币作为主要计量单位　　　　D. 采用抽样记录经济业务

5. 会计信息使用者有（　　　）。

    A. 企业投资者　　　　　　　　　　B. 企业债权人

    C. 企业管理当局　　　　　　　　　D. 与企业有利益关系的团体和个人

6. 不属于企业会计的是（　　　）。

    A. 财务会计　　　　　　　　　　　B. 管理会计

    C. 行政单位会计　　　　　　　　　D. 事业单位会计

7. 会计的目标是（　　　）。

    A. 为决策者提供决策有用的信息　　B. 反映经营管理者的经管责任

    C. 提供企业预测未来的信息　　　　D. 提供企业不能计量的信息

8. 会计核算的基本假设或前提是（　　　）。

    A. 会计主体、持续经营　　　　　　B. 收付实现制

    C. 货币计量、会计分期　　　　　　D. 权责发生制

9. 下列与会计信息质量要求相关的原则是（　　　）。

    A. 可比性原则　　　　　　　　　　B. 相关性原则

    C. 配比性原则　　　　　　　　　　D. 稳健性原则

10. 下列与会计信息质量要求相关的原则是（　　　）。

    A. 重要性原则　　　　　　　　　　B. 权责发生制原则

    C. 配比性原则　　　　　　　　　　D. 可靠性原则

三、判断题

1. 设置和登记账簿是编制会计报表的基础，是连接会计凭证与会计报表的中间环节。

                                （　　　）

2. 会计的基本职能是预测未来。 （　）

3. 会计以货币计量为主，同时可以适当地运用其他计量单位。 （　）

4. 会计的目标是既要提供决策有用的会计信息，同时还应提供受托责任的信息。

（　）

5. 会计的基本职能既反映过去又控制现在，还要预测未来。 （　）

6. 会计交易或事项是企业所发生的全部经济活动。 （　）

7. 财务会计主要提供对外的会计信息，管理会计主要提供对内的会计信息。（　）

8. 企业会计属于营利组织会计，预算会计属于非营利组织会计。 （　）

9. 系统记载簿记理论和方法的第一部著作是意大利的数学家巴其阿勒所著的《数学大全》。 （　）

10. 会计记录不一定要求连续地记录，对于不重要的经济业务可以不记。 （　）

11. 会计假设也叫会计前提，是制定会计原则的基础。 （　）

12. 企业应当以权责发生制为基础进行会计确认、计量和报告。 （　）

13. 权责发生制要求设置应收、应付等账户，收付实现制不需要设置这些账户。

（　）

14. 重要性原则是指对重要或重大的会计事项进行详细记录，对于不太重要或重大的会计事项可以忽略不记。 （　）

15. 我国《企业会计准则——基本准则》规定的会计计量方法仍然是以历史成本计量属性为主，同时可采用重置成本、可变现净额、现值和公允价值。 （　）

四、名词解释

信息论的会计定义　会计方法　企业会计　会计主体　稳健性

五、简答题

1. 什么是会计的职能？会计的基本职能是什么？

2. 什么是会计目标？会计目标的具体内容是什么？

3. 会计的特点是什么？

4. 会计核算方法有哪些？各种方法之间的联系怎样？

5. 何为实质重于形式原则？会计为什么要运用这项原则？

6. 我国《企业会计准则——基本准则》关于会计信息质量要求中的可比性原则包含的内容是什么？

7. 何为稳健性原则？在运用稳健性原则时要注意什么？

参考答案

一、单项选择题

1. C　2. B　3. C　4. D　5. B　6. C　7. B　8. D　9. B　10. C　11. B　12. C　13. B
14. C　15. D

二、多项选择题

1. AD　2. ABCD　3. AC　4. BC　5. ABCD　6. CD　7. AB　8. AC　9. ABD　10. AD

三、判断题

1. √　2. ×　3. √　4. √　5. ×　6. ×　7. √　8. √　9. √　10. ×
11. √　12. √　13. √　14. ×　15. √

四、名词解释

会计作为一个信息系统，是以货币作为主要计量单位，对会计资料进行加工整理后，提供以财务信息为主的经济信息系统。

会计方法是会计人员为反映和监督会计的具体内容，完成会计目标所运用的特定方法。

企业会计是服务于某一以盈利为目的的经济组织的专业会计。

会计主体是指拥有一定的经济资源并实行独立核算的经济实体。它可能大于、等于或小于法律主体。

稳健性，也称为谨慎性，是指企业对交易或者事项进行会计确认、计量和报告应当保持应有的谨慎，不应高估资产或收益，低估负债或费用。

五、简答题

1. 会计的职能是指会计在企业经营管理过程中所具有的功能。会计的基本职能是反映职能、监督职能。

会计的反映职能主要是通过会计确认、计量、记录、报告，以货币形式反映各单位的经济活动情况，为企业内部和外部单位及个人提供财务信息。

会计的监督职能是指会计对其主体的经营活动的合理合法性进行审查，按照会计的目标进行调整，使之达到预期的目的。

2. 会计目标是指会计人员从事会计工作所追求和希望达到的预期效果和最终目的。

经营管理责任观注重的是委托者和受托者之间的相互关系。会计人员利用记录与报告来实现所追求的目标。会计的首要目标是计量受托责任完成情况。

决策有用观认为，会计的首要目标是提供对使用者决策有用的信息。

3. 会计的特点是指会计学科与其他学科相比体现的不同之处。会计的特点表现在以下三个方面：

（1）会计以原始凭证为依据。以原始凭证为依据是会计的特点之一。会计人员加工信息时，以原始凭证为依据，对原始凭证进行加工整理，然后生产出会计信息使用者需要的会计信息。

（2）会计以货币作为主要计量单位。由于只有货币计量才具有综合性，能将企业的各种资源及经济活动情况进行综合反映，所以以货币作为主要计量单位是会计的特点之二。

（3）会计反映具有连续性、系统性和完整性。会计记录要求连续、完整，不能间断和遗漏，并且需要采用科学的方法进行系统的反映。

4. 会计核算方法包括七种：设置账户、复式记账、填制和审核凭证、登记会计账簿、成本计算、财产清查、编制财务报表。企业发生经济业务以后，经办人员要填制或取得原始凭证，经会计人员审核整理后，按规定和要求的会计科目设置账户，运用复式记账原理，编制记账凭证（会计分录），并据以登记账簿；同时，要对生产的产品和提供的劳务进行成本计算；定期或不定期地对企业财产物资进行清查，在确保账实、账证、账账相符的基础上，定期编制会计报表。设置账户、复式记账、填制和审核凭证是首要的环节，登记会计账簿、成本计算、财产清查是中间环节，编制财务报表是最终环节。这三个环节环环相扣，构成企业会计循环的三大基本步骤，其他方法与此紧密相连。

5. 实质重于形式原则要求企业应当按照交易或事项的经济实质进行会计核算，而不仅仅依据它们的法律形式进行会计核算。

在实务中，交易或事项的法律形式并不总能完全真实地反映其实质内容。所以，会计信息要想反映其拟反映的交易或事项，就必须根据交易或事项的经济实质，而不能仅仅依据它们的法律形式进行会计核算和反映。会计准则和会计制度规定，对融资租入固定资产应当视为本企业固定资产进行会计核算。虽然融资租入固定资产从法律形式上不属于企业，其所有权属于出租方，但与该固定资产相关的风险和报酬已实质上转移到了承租人，所以会计核算上将融资租入的固定资产视为本企业固定资产进行会计核算。

6. 我国《企业会计准则——基本准则》关于会计信息质量要求中的可比性原则包含了可比性及一致性原则在内。同一企业不同时期发生的相同或相似的交易或事项，应当采用一致的会计政策，不得随意变更。确需变更的，应当在附注中说明。

不同企业发生的相同或相似的交易或事项，应当采用规定的会计政策，确保会计信息口径一致、相互可比。

可比性原则强调会计指标的口径要前后保持一致，而一致性原则强调选择的会计方法不能随意变更。

7. 稳健性原则也叫谨慎性原则，是指企业进行会计核算时，对企业充满风险和不确定性的经济业务应当按照谨慎性的要求，尽可能少估资产和收益，多估负债和损失，但不得设置秘密准备。会计准则要求企业定期或者至少于每年年末，对可能发生的各项资产损失计提减值准备，就充分体现了谨慎性原则，这是对历史成本原则的修订。

需要注意的是，谨慎性原则并不意味着企业可以任意设置各种秘密准备，否则就属于滥用谨慎性原则。

第二章　会计要素

学习重点及难点

一、会计要素的含义

会计要素是对会计对象进行的基本分类。作为反映企业财务状况和经营成果的基本单位，会计要素又是会计报表的基本构件。

按照我国《企业会计准则——基本准则》的规定，会计要素分为资产、负债、所有者权益、收入、费用和利润。前三个为静态会计要素，后三个为动态会计要素。

二、资产

资产是指过去的交易或事项形成的，由企业拥有或者控制的，预期会给企业带来经济利益的资源。资产包括各种财产、债权和其他权利。

资产的特点表现在以下四个方面：

（1）资产必须是企业拥有或能够加以控制的经济资源；

（2）资产的目的是在未来为某个会计主体带来经济利益；

（3）资产是由过去的交易或事项形成的；

（4）资产是可以用货币来计量的。

企业资产包括流动资产和非流动资产，非流动资产包括长期投资、固定资产、无形资产和其他资产。

三、负债

负债是指过去的交易或事项形成的预期会导致经济利益流出企业的现时义务。

负债的特点表现在以下三个方面：

（1）负债是企业过去的交易或事项形成的、企业承担的现时义务；

（2）负债的清偿，预期会导致经济利益流出企业；

（3）负债必须能以货币计量，是可以确定或估计的。

企业负债包括流动负债和长期负债。

四、所有者权益

所有者权益是企业资产扣除负债后由所有者享有的剩余权益。

　　所有者权益包括所有者投入的资本、直接计入所有者权益的利得和损失、留存收益。

　　直接计入所有者权益的利得和损失是指不应计入当期损益、会导致所有者权益发生变动的与所有者投入资本或向所有者分配股利无关的利得和损失。

五、收入

　　收入是企业在日常活动中所形成的、会导致所有者权益增加的、与所有者投入资本无关的经济利益的总流入。

　　收入的特点表现在以下三个方面：

　　（1）收入是从企业的日常经营活动中产生的；

　　（2）收入的增加可能表现为企业资产的增加或负债的减少，或两者兼而有之；

　　（3）收入反映企业在一定时期所取得的销售成果，可能带来企业权益的增加。

六、费用

　　费用是企业在日常活动中所发生的、会导致企业所有者权益减少的、与向所有者分配利润无关的经济利益的总流出。

　　为生产产品或提供劳务等发生的对象化的费用，构成产品或劳务的成本。无法对象化的费用为期间费用。期间费用包括管理费用、财务费用和销售费用等。

七、利润

　　利润是企业在一定期间的经营成果。利润包括收入与费用配比相抵后的差额、直接计入当期利润的利得和损失等。如果收入小于费用则表现为亏损。直接计入当期利润的利得和损失，是指应当计入当期损益、会导致所有者权益增减变动的、与所有者投入资本或者向所有者分配利润无关的利得或者损失。

八、会计要素之间的关系

（一）静态要素之间的关系

$$资产=负债+所有者权益$$

　　该公式表明了三个静态要素之间的关系，它是设置账户的依据，是复式记账法的基础，是会计的基本方程式。

$$负债方程式：负债=资产-所有者权益$$
$$所有者权益方程式：所有者权益=资产-负债$$

（二）动态要素之间的关系

$$收入-费用=利润（亏损）$$

　　利润表示企业所有者权益的增加，亏损表示企业所有者权益的减少。

（三）静态要素与动态要素之间的关系

$$新的资产＝新的负债+ \left[所有者权益+（收入-费用）\right]$$

$$新的资产＝新的负债+新的所有者权益$$

练习题

一、单项选择题

1. 下列各项目中不属于会计要素的是（　　）。

    A. 资产   B. 财产

    C: 负债   D. 利润

2. 下列各项目中属于静态会计要素的是（　　）。

    A. 费用   B. 利润

    C. 收入   D. 负债

3. 下列各项目中属于动态会计要素的是（　　）。

    A. 资产   B. 负债

    C. 收入   D. 所有者权益

4. 下列各项目中属于资产的是（　　）。

    A. 预收账款   B. 实收资本

    C. 应付账款   D. 预付账款

5. 资产通常按流动性分为（　　）。

    A. 有形资产与无形资产   B. 货币资产与非货币资产

    C. 流动资产与非流动资产   D. 本企业资产与租入的资产

6. 下列各项目中属于长期负债的是（　　）。

    A. 持有至到期投资   B. 预付账款

    C. 应付债券   D. 应付股利

7. 下列各项目中属于所有者权益的是（　　）。

    A. 长期股权投资   B. 长期应付款

    C. 固定资产   D. 盈余公积

8. 下列各项目中不属于负债的是（　　）。

    A. 预付账款   B. 预收账款

    C. 应付账款   D. 应付债券

9. 下面不是负债的特点的是（　　）。

    A. 过去的交易、事项所构成的现时义务

    B. 企业拥有或控制的经济资源

    C. 企业未来经济利益的牺牲

    D. 能以货币计量，是可以确定或估计的

10. 资产的特点是（　　　）。

    A. 将导致企业未来经济利益流入

    B. 反映企业在一定时期所取得的经营成果

    C. 将导致企业未来经济利益流出

    D. 是过去的交易、事项所构成的现时义务

11. 下列会计等式中不正确的是（　　　）。

    A. 资产 = 负债 + 所有者权益　　 B. 负债 = 资产 - 所有者权益

    C. 资产 - 负债 = 所有者权益　　 D. 资产 + 负债 = 所有者权益

12. 下列经济业务中，会影响会计等式总额发生变化的是（　　　）。

    A. 以银行存款 80 000 元购买材料

    B. 以银行存款 80 000 元偿还短期借款

    C. 结转完工产品成本 80 000 元

    D. 收回客户所欠的应收账款 80 000 元

13. 下列经济活动中，引起资产和负债同时减少的是（　　　）。

    A. 以银行存款偿付前欠购货款　　 B. 购买材料货款尚未支付

    C. 收回应收账款　　 D. 接受其他单位投资

14. 下列经济活动中，引起负债之间彼此增减的是（　　　）。

    A. 以银行存款偿还银行借款

    B. 向银行借入款项直接偿还应付账款

    C. 用银行存款偿还前欠购货款

    D. 用现金支付职工工资

15. 下列经济活动中，引起所有者权益之间彼此增减的是（　　　）。

    A. 收到应收账款，存入银行　　 B. 收到股东 A 的固定资产投资

    C. 用银行存款偿还短期负债　　 D. 按税后利润提取法定盈余公积

二、多项选择题

1. 下列项目中属于静态会计要素的是（　　　）。

    A. 资产　　 B. 利润

    C. 收入　　 D. 负债

2. 下列各项目中反映企业财务状况的会计要素有（　　　）。

    A. 资产　　 B. 所有者权益

    C. 负债　　 D. 利润

3. 下列项目中属于动态会计要素的是（　　　）。

    A. 收入　　 B. 所有者权益

C. 资产   D. 利润

4. 下列项目中属于资产的有（   ）。

   A. 应收账款   B. 预收账款

   C. 应付账款   D. 预付账款

5. 下列项目中属于所有者权益的有（   ）。

   A. 股本   B. 资本公积

   C. 未分配利润   D. 应付股利

6. 下列项目中属于期间费用的有（   ）。

   A. 制造费用   B. 销售费用

   C. 管理费用   D. 财务费用

7. 财务费用一般包括（   ）。

   A. 发行股票所付相关费用   B. 银行转账结算所付的手续费

   C. 银行借款利息   D. 发行债券手续费

8. 下列项目中属于流动负债的是（   ）。

   A. 应付债券   B. 预付账款

   C. 应付账款   D. 预收账款

9. 下列项目中属于流动资产的是（   ）。

   A. 交易性金融资产   B. 预付账款

   C. 预收账款   D. 一年内到期长期债

10. 利润总额是指企业在一定会计期间的经营成果，包括（   ）。

   A. 投资收益   B. 经营利润

   C. 营业外收入   D. 营业外支出

11. 资产的特征有（   ）。

   A. 资产是由过去的交易、事项形成的

   B. 资产能以货币计量

   C. 资产是企业拥有或控制的

   D. 资产预期能给企业带来经济利益

12. 收入将导致企业（   ）。

   A. 现金流出   B. 资产增加

   C. 资产减少   D. 负债减少

13. 下列会计等式正确的是（   ）。

   A. 资产 = 负债 + 所有者权益

   B. 新的资产 = 新的负债 + 所有者权益 + 利润

   C. 新的资产 + 费用 = 新的负债 + 所有者权益 + 收入

   D. 资产 + 所有者权益 = 负债

14. 下列经济活动中引起资产和负债同时增加的是（　　　）。

　　A. 用银行存款偿还长期负债　　　　B. 购买材料，货款尚未支付

　　C. 预收销货款　　　　　　　　　　D. 向银行借入短期借款，存入银行

15. 下列经济活动中引起资产之间彼此增减的是（　　　）。

　　A. 用现金支付职工工资　　　　　　B. 收到应收账款，存入银行

　　C. 完工产品入库　　　　　　　　　D. 生产领用材料

三、判断题

1. "资产 = 负债 + 所有者权益"这个平衡公式是企业资金运动的静态表现。（　　）

2. 负债是企业过去的交易或事项所引起的潜在义务。（　　）

3. 应收及预收款是资产，应付及预付款是负债。（　　）

4. 资产按流动性分为无形资产和有形资产。（　　）

5. 凡引起企业资产、负债、所有者权益、收入、费用和利润这六大会计要素增减变动的事项就属于企业的会计事项。（　　）

6. 无形资产是不具有实物形态的资产，因此土地使用权属于无形资产。（　　）

7. 某一财产物资要成为企业的资产，其所有权必须属于企业。（　　）

8. 所有者权益是指投资人对企业全部资产的所有权。（　　）

9. 收入是指企业在日常活动中所形成的、会导致所有者权益增加的、与所有者投入资本无关的经济利益的总流入。（　　）

10. 若某项资产不能为企业带来经济利益，即使是由企业拥有或控制的，也不能作为企业的资产在资产负债表中列示。（　　）

11. 收入能导致企业资产的增加或负债的减少，或二者兼而有之。（　　）

12. 期间费用不构成产品的生产成本，直接计入当期损益。（　　）

13. 产品的生产成本包括直接生产成本和间接生产成本，还包括期间费用。（　　）

14. 静态会计要素是资产负债表的构成内容，动态会计要素是利润表的构成内容。（　　）

15. 费用会导致企业经济利益流出企业，收入导致企业经济利益流入企业。（　　）

四、名词解释

会计要素　会计平衡式　资产　负债　所有者权益　收入　费用　利润

五、简答题

1. 企业资产的特点有哪些？资产的主要分类是怎样的？

2. 负债的特点有哪些？负债的主要分类是怎样的？

3. 收入的概念和特点是什么？

4. 如何理解资产、负债与所有者权益的平衡关系？

六、业务题

1. 判断表 2-1 中的经济内容分别属于哪个会计要素，请在对应的栏目内打"√"。

表 2-1　　　　　　　　　　　　　经济内容归类

序号	经济内容	资产	负债	权益	收入	费用	利润
1	正在生产过程中加工的在产品						
2	库存商品						
3	欠银行的短期借款						
4	存放在银行的现金						
5	企业生产用机器设备						
6	未缴纳的各种税款						
7	企业拥有的对外投资						
8	预先收到的订货款						
9	企业仓库储存的材料						
10	销售商品实现的收入						
11	企业管理部门发生的费用						
12	对外投资分回的利息						
13	投资者追加的投入资本						
14	支付全年的报刊费						
15	支付的订货定金						
16	支付的广告费						
17	年末未分配的利润						
18	计提管理部门折旧费						
19	本年累计实现的净利润						
20	企业的房屋和建筑物						
21	企业的无形资产						
22	企业购入材料在运输途中						
23	计算应付给职工的工资						
24	企业投资者投入超过股本的溢价						
25	企业获得的营业外收入						
26	支付银行的各种手续费						
27	应收销货款债权						
28	委托其他企业代销的商品						
29	欠银行的利息						
30	正在建设的企业车间						

2. 东方公司 2015 年 12 月份发生下列经济业务：

（1）12 月 4 日，企业收到红星公司投入的一块土地，协议作价400 000 元。

（2）12 月 5 日，以银行存款购入材料 50 000 元。

（3）12 月 15 日，企业从银行获得长期借款 250 000 元。

（4）12 月 16 日，生产车间一般耗用领用原材料 2 000 元。

（5）12 月 18 日，与企业债权人五一公司协商后，将前欠该公司的 200 000 元购货款转作对本企业的投资，五一公司成为本企业的股东之一。

（6）12 月 20 日，经本企业股东大会同意，投资者甲抽走原投入企业的资金 300 000 元，以银行存款支付。

（7）12 月 20 日，通过银行收回 W 公司前欠本企业的货款 50 000 元。

（8）12 月 21 日，通过银行归还前欠大华公司的购货款 45 000 元。

（9）12 月 21 日，月末结转完工甲产品 500 件，单位产品成本为 400 元。

（10）12 月 22 日，从银行借入 10 000 元偿还所欠 M 公司的购货款。

（11）12 月 31 日，宣布发放现金股利 200 000 元，暂时未付。

（12）12 月 31 日，按税后利润提取法定盈余公积 30 000 元。

请判断上述经济业务的类型并填入表 2-2 中。

表 2-2   判断经济业务

经济业务类型	业务序号
1. 一项资产增加，另一项资产减少	
2. 一项负债增加，另一项负债减少	
3. 一项所有者权益增加，另一项所有者权益减少	
4. 一项负债增加，一项所有者权益减少	
5. 一项负债减少，一项所有者权益增加	
6. 一项资产增加，一项负债增加	
7. 一项资产减少，一项负债减少	
8. 一项资产增加，一项所有者权益增加	
9. 一项资产减少，一项所有者权益减少	

参考答案

一、单项选择题

1. B 2. D 3. C 4. D 5. C 6. C 7. D 8. A 9. B 10. A 11. D 12. B 13. A 14. B 15. D

二、多项选择题

1. AD　2. ABC　3. AD　4. AD　5. ABC　6. BCD　7. BCD　8. CD　9. ABD
10. ABCD　11. ABCD　12. BD　13. ABC　14. BCD　15. BCD

三、判断题

1. √　2. ×　3. ×　4. ×　5. √　6. √　7. ×　8. ×　9. √　10. √　11. √　12. √
13. ×　14. √　15. √

四、名词解释

会计要素是构成会计客体的必要因素，是对会计事项所确认的项目进行的归类。

会计平衡式是由各会计要素之间存在着的内在的、必然的联系所形成的会计等式。

资产是指企业过去的交易或事项形成、由企业拥有或者控制、预期会给企业带来经济利益的资源。

负债指企业过去的交易或事项形成的、预期会导致经济利益流出企业的现时义务。

所有者权益是企业所有者（投资人）在企业资产中享有的剩余权利，即企业资产减去负债后的差额（剩余部分），又称之为净资产。

收入是指企业在日常活动中所形成的、会导致所有者权益增加的、与所有者投入资本无关的经济利益的总流入。

费用是企业在日常活动中所发生的、会导致所有者权益减少的、与向所有者分配股利无关的经济利益的流出。

利润是企业在一定期间的经营成果。利润包括收入与费用配比相抵后的差额、直接计入当期损益的利得和损失等。

五、简答题

1. 资产的特点主要表现在以下几个方面：

（1）资产是由过去的交易、事项所形成的。

（2）资产必须是企业拥有或能够加以控制的经济资源。

（3）资产预期能给企业带来经济利益。

（4）资产是可以用货币来计量的。

资产主要分为流动资产、长期投资、固定资产、无形资产和其他资产。

2. 负债的特点主要表现在以下几个方面：

（1）负债是过去或目前的会计事项所构成的现时义务。

（2）负债是企业未来经济利益的流出。

（3）负债必须能以货币计量，是可以确定或估计的。

负债主要分为流动负债和长期负债。

3. 收入是指企业在日常经营活动中所形成的、会导致企业所有者权益增加的、与所有者投入资本无关的经济利益的总流入。收入的特征如下：

（1）收入是从企业的日常经营活动中产生的。企业有些交易或事项虽然也能为企业带来经济利益，但不属于企业的日常经营活动，所以其流入企业的经济利益不属于收入，而是利得。

（2）收入可以表现为企业资产的增加或负债的减少，或两者兼而有之。

（3）收入可能引起企业所有者权益增加。当企业实现的收入大于其所发生的成本时，就形成了利润，即增加企业所有者权益。但如果企业实现的收入小于其发生的成本，则形成亏损，也可能引起所有者权益减少。

4. 任何一个会计主体拥有一定数额的资产，就必然存在相应的权益（负债和所有者权益）。资产和权益是相互依存的。没有资产就没有权益，同样资产也不能脱离权益而独立存在。从任何一个会计时点（静态）来看，一个会计主体有多少资产，必定有多少权益，有多少权益必有多少负债。资产和权益是同一资金的两个不同方面。因此，一个会计主体的资产总额和其权益总额必然相等。这就形成了会计的基本平衡式：资产＝负债＋所有者权益。

六、业务题

1. 答案如表 2-3 所示。

表 2-3　　　　　　　　　　　　经济内容分类

序号	经济内容	资产	负债	权益	收入	费用	利润
1	正在生产过程中加工的在产品	√					
2	库存商品	√					
3	欠银行的短期借款		√				
4	存放在银行的现金	√					
5	企业生产用机器设备	√					
6	未缴纳的各种税款		√				
7	企业拥有的对外投资	√					
8	预先收到的订货款		√				
9	企业仓库储存的材料	√					
10	销售商品实现的收入				√		
11	企业管理部门发生的费用					√	
12	对外投资分回的利息						√
13	投资者追加的投入资本			√			
14	支付全年的报刊费	√					

表2-3(续)

序号	经济内容	资产	负债	权益	收入	费用	利润
15	支付的订货定金	√					
16	支付的广告费					√	
17	年末未分配的利润			√			
18	计提管理部门折旧费					√	
19	本年累计实现的净利润						√
20	企业的房屋和建筑物	√					
21	企业的无形资产	√					
22	企业购入材料在运输途中	√					
23	计算应付给职工的工资		√				
24	企业投资者投入超过股本的溢价			√			
25	企业获得的营业外收入						√
26	支付银行的各种手续费					√	
27	应收销货款债权	√					
28	委托其他企业代销的商品	√					
29	欠银行的利息		√				
30	正在建设的企业车间	√					

2. 答案如表2-4所示。

表2-4　　　　　　　　　　判断经济业务

经济业务类型	业务序号
1. 一项资产增加，另一项资产减少	(2)(4)(7)(9)
2. 一项负债增加，另一项负债减少	(10)
3. 一项所有者权益增加，另一项所有者权益减少	(12)
4. 一项负债增加，一项所有者权益减少	(11)
5. 一项负债减少，一项所有者权益增加	(5)
6. 一项资产增加，一项负债增加	(3)
7. 一项资产减少，一项负债减少	(8)
8. 一项资产增加，一项所有者权益增加	(1)
9. 一项资产减少，一项所有者权益减少	(6)

第三章　账户与复式记账

学习重点及难点

一、设置账户

设置账户是根据经济管理的要求，按照会计要素，对企业不断发生的经济业务进行日常归类，从而反映、监督会计要素各个具体类别并提供各类动态、静态指标的一种专门方法。设置账户是会计的一种专门方法。

设置账户具有以下两个重要作用：

（1）设置账户能按照经济管理的要求分类记载和反映经济业务。

（2）设置账户能为编制财务报表提供重要依据。

二、账户的基本结构

账户的结构是指账户由哪些内容构成。在设计账户结构时，一般应有三个基本部分：

（1）账户名称，即会计科目。

（2）账户方向，即在账户的什么地方记录经济业务的增加和减少，也就是说在账户中怎样反映经济业务的增加和减少。

（3）账户余额。费用账户的余额与资产账户的余额计算相同，权益账户的余额与负债账户的余额计算相同。

三、账户与会计科目

会计科目是对会计要素进行分类的标志，是设置账户的直接依据。

会计科目和账户的联系表现在账户是根据会计科目设置的，会计科目是账户的名称，没有会计科目，就没有办法设置账户。

四、复式记账

（一）记账方法的种类

复式记账法是指对每笔经济业务发生所引起的一切变化，都以相同的金额在两个或两个以上的账户中进行相互联系的登记。

　　我国曾采用过三种复式记账法，即借贷复式记账法、增减复式记账法、收付复式记账法。我国《企业会计准则》第七条规定：企业的会计记账采用借贷记账法。

　　（二）借贷记账法的内容

　　借贷记账法是借贷复式记账法的简称。借贷记账法是以"借"和"贷"为记账符号，运用复式记账原理登记经济业务的一种记账方法。

　　（1）记账符号。借贷记账法采用的记账符号"借"和"贷"二字仅仅作为符号或标志，已失去原有的实际意义。

　　（2）会计基本平衡式。借贷记账法的基本平衡公式如下：

　　资产＝负债＋所有者权益

　　（3）账户的设置及结构（见图3-1）。

借	会计科目（账户的名称）	贷
资产增加		资产减少
负债减少		负债增加
权益减少		权益增加
费用增加		费用减少
收入减少		收入增加
利润减少		利润增加

图 3-1

　　资产、负债、权益账户为实账户，期初、期末一般都有余额，其余额一般在各会计要素的增加方。资产的余额一般在借方，负债和权益的余额一般在贷方。

　　收入、费用、利润账户为虚账户，期初、期末一般都无余额。

　　（4）记账规则。有借必有贷，借贷必相等。

　　（5）试算平衡。借贷记账法试算平衡的方法有两种：一是账户本期发生额试算平衡：所有账户本期借方发生额合计＝所有账户本期贷方发生额合计。二是账户余额试算平衡。所有账户的期末借方余额之和＝所有账户期末贷方余额之和。

练习题

一、单项选择题

1. 账户是根据（　　）开设的，用来连续、系统地记载各项经济业务的一种手段。

　　A. 会计凭证　　　　　　　　　B. 会计对象

　　C. 会计要素　　　　　　　　　D. 会计科目

2. 根据借贷记账法的原理，记录在账户借方的是（　　）。

A. 资产的减少　　　　　　　　B. 收入的增加

C. 负债的减少　　　　　　　　D. 所有者权益的增加

3. 会计科目是（　　）的名称。

A. 会计账户　　　　　　　　　B. 会计业务

C. 会计对象　　　　　　　　　D. 会计要素

4. 借贷记账法的记账规则是（　　）。

A. 同增、同减、有增、有减　　B. 同收、同付、有收、有付

C. 有借必有贷，借贷必相等　　D. 有增必有减，增减必相等

5. 在借贷记账法中，账户的哪一方记录增加、哪一方记录减少是由（　　）决定的。

A. 业务的性质　　　　　　　　B. 账户的性质

C. 账户的结构　　　　　　　　D. 记账规则

6. 复式记账法的基本理论依据是（　　）的平衡原理。

A. 借方发生额 = 贷方发生额

B. 收入 - 费用 = 利润

C. 期初余额 + 本期增加数 - 本期减少数 = 期末余额

D. 资产 = 负债 + 所有者权益

7. 会计要素有六类，我国财政部发布的会计科目有（　　）类。

A. 六　　　　　　　　　　　　B. 三

C. 五　　　　　　　　　　　　D. 四

8. 按照借贷记账法的记录方法，下列四组账户中，增加额都记在贷方的是（　　）账户。

A. 资产类和负债类　　　　　　B. 负债类和所有者权益类

C. 成本类和损益类　　　　　　D. 损益类中的收入和支出类

9. 会计科目与账户之间的区别在于（　　）。

A. 反映的经济内容不同　　　　B. 账户有结构而会计科目无结构

C. 分类的对象不同　　　　　　D. 反映的结果不同

10. 按照借贷记账法的记录方法，下列账户的贷方登记增加额的是（　　）。

A. 生产成本　　　　　　　　　B. 应收账款

C. 预收账款　　　　　　　　　D. 原材料

11. 按照借贷记账法的记录方法，下列账户中，账户的借方登记增加额的是（　　）。

A. 实收资本　　　　　　　　　B. 应付职工薪酬

C. 累计折旧　　　　　　　　　D. 所得税费用

12. 我国《企业会计准则——基本准则》规定，企业会计采用的记账方法是（　　）。

A. 增减记账法　　　　　　　　　B. 现金收付记账法

C. 借贷记账法　　　　　　　　　D. 财产收付记账法

13. 收回应收账款 4 000 元存入银行，这一业务引起会计要素变动的是（　　）。

A. 资产减少、负债增加　　　　　B. 资产与负债同增

C. 资产增加、负债减少　　　　　D. 资产一增一减，总额不变

14. 不属于损益类会计科目的是（　　）。

A. 投资收益　　　　　　　　　　B. 管理费用

C. 主营业务成本　　　　　　　　D. 生产成本

15. 下列属于损益类会计科目的是（　　）。

A. 制造费用　　　　　　　　　　B. 管理费用

C. 主营业务成本　　　　　　　　D. 生产成本

二、多项选择题

1. 设置会计科目应遵循的原则是（　　）。

A. 经单位领导人批准　　　　　　B. 有用性

C. 相关性　　　　　　　　　　　D. 统一性与灵活性相结合

2. 会计账户结构一般应包的内容有（　　）。

A. 账户的名称　　　　　　　　　B. 账户的方向

C. 增加、减少的金额及余额　　　D. 账户的使用年限

3. 借方登记本期减少的账户有（　　）。

A. 费用类账户　　　　　　　　　B. 负债类账户

C. 收入类账户　　　　　　　　　D. 资产类账户

4. 下列会计科目中，属于损益类科目的有（　　）。

A. 预收账款　　　　　　　　　　B. 所得税费用

C. 营业外收入　　　　　　　　　D. 制造费用

5. 下列属于成本类科目的是（　　）。

A. 生产成本　　　　　　　　　　B. 管理费用

C. 销售费用　　　　　　　　　　D. 制造费用

6. 借贷记账法的优点是（　　）。

A. 初学者容易理解　　　　　　　B. 记账规则科学

C. 对应关系清楚　　　　　　　　D. 试算平衡、简便

7. 借贷记账法的试算平衡方法是（　　）。

A. 所有账户的本期借方发生额之和＝所有账户本期贷方发生额之和

B. 所有资产账户的本期借方发生额之和＝所有负债和所有者权益本期贷方发生额
之和

　　C. 所有账户的期末借方余额之和＝所有账户期末贷方余额之和

　　D. 收入账户的本期发生额＝费用账户的本期发生额

8. 不属于成本类科目的是（　　　）。

　　A. 主营业务成本　　　　　　　B. 生产成本

　　C. 制造费用　　　　　　　　　D. 管理费用

9. 下列属于损益类科目的是（　　　）。

　　A. 主营业务收入　　　　　　　B. 主营业务成本

　　C. 营业外收入　　　　　　　　D. 营业外支出

10. 下面表述正确的是（　　　）。

　　A. 会计科目只是账户的名称　　B. 会计科目与账户是同一个概念

　　C. 会计科目无结构，账户有结构　D. 会计科目与账户反映的内容相同

三、判断题

1. 会计科目是会计要素按照具体内容进行科学分类的标志。　　　　（　　）

2. 统一性与灵活性相结合是设置会计科目的原则之一。　　　　　（　　）

3. 会计账户是用来分类记录企业的交易、事项，反映各会计要素增减变动情况的一种工具。　　　　　　　　　　　　　　　　　　　　　　　　　　　　（　　）

4. 借贷记账法的试算平衡方法有本期发生额试算平衡和差额试算平衡。（　　）

5. 在借贷记账法下，损益类科目期末一般都无余额。　　　　　　（　　）

6. 账户的本期发生额反映的是动态指标，而期末余额反映的是静态指标。（　　）

7. 在借贷复式记账法下，每一项经济业务发生，都要记入一个或一个以上的账户中。　　　　　　　　　　　　　　　　　　　　　　　　　　　　　　（　　）

8. 现代借贷记账法中的"借"和"贷"分别是增加和减少之意。　　（　　）

9. 只要实现了期初余额、本期发生额、期末余额的平衡，就说明账户的记录没有错误了。　　　　　　　　　　　　　　　　　　　　　　　　　　　　　　（　　）

10. 一般而言，费用类账户的结构与权益类账户的结构相同，收入类账户的结构与资产类账户的结构相同。　　　　　　　　　　　　　　　　　　　　（　　）

11. 主营业务成本和其他业务成本都是成本类科目。　　　　　　　（　　）

12. 损益类科目的借方记录经济业务的增加，贷方记录经济业务的减少。（　　）

13. 按损益类科目设置的账户为虚账户，期末一般无余额。　　　　（　　）

14. 按资产类、负债类、权益类和成本类科目设置的账户一般为实账户，期末一般都有余额。　　　　　　　　　　　　　　　　　　　　　　　　　　　（　　）

15. 会计科目与会计账户既有联系又有区别，两者的概念并不完全一样。（　　）

四、名词解释

单式记账法　复式记账法　借贷记账法　会计科目　会计账户　试算平衡

五、简答题

1. 借贷复式记账法的基本要点有哪些？

2. 账户与会计科目的关系如何？

3. 企业经济业务一般有哪几种类型？试举例说明。

六、业务题

1. 把表3-1中的经济业务按借贷法的记账规则列出各要素的对应关系。

表3-1　　　　　　　　　　　经济业务归类　　　　　　　　　　单位：元

业务内容	借方科目	金额	贷方科目	金额
以银行存款购入材料5 000元，已入库				
从银行借入短期借款10 000元，存入银行				
从外单位购入材料，3 000元货款暂欠				
将现金1 000元存入银行				
收到投资者投资款50 000元，存入银行				
收到外单位的固定资产投资计价20 000元				
以银行存款偿还应付款2 000元				
以现金支付厂部电话费500元				

2. 某企业2015年5月发生以下经济业务：

（1）1日收到甲投资者对企业的现金投资500 000元存入银行；乙投资者对企业投资一台设备，协商作价200 000元；丙投资者对企业投资一项无形资产，协商作价300 000元。

（2）2日企业以银行存款280 000元购入W公司的土地，获得使用权。

（3）3日企业用银行存款从B公司购入一批甲材料已入库。材料的实际成本为150 000元。

（4）4日企业从A公司购入一批乙材料，价款200 000元，货款暂欠。

（5）5日企业从银行借入短期借款150 000元，偿还所欠A公司的购货款。

（6）6日企业预收N公司的购货款40 000元存入银行。

（7）7日企业从银行提取现金50 000元以备零用。

（8）8日企业以银行存款35 000元购入设备一台。

（9）9日企业向股东宣告将发放现金股利250 000元，股利暂时还未发放。

（10）10日企业经其他股东同意，丙抽回其投资100 000元。

（11）11日企业以银行存款偿还银行短期借款180 000元。

（12）12日经全体股东同意，将银行借款200 000元转作投资，银行成为企业的股东之一。

(13) 13 日生产 A 产品从材料仓库领用甲材料 30 000 元。

(14) 14 日从银行借入短期借款 400 000 元存入银行。

(15) 15 日全体股东同意，将以前未分配完的利润转作股本 10 000 元。

将以上各项经济业务填入表 3-2，并检验其平衡与否。

表 3-2　　　　　　　　　　　　　经济业务归类　　　　　　　　　　　单位：元

经济业务	资产		=	负债		+	权益	
	借（+）	贷（-）		借（-）	贷（+）		借（-）	贷（+）

参 考 答 案

一、单项选择题

1. D　2. C　3. A　4. C　5. B　6. D　7. C　8. B　9. B　10. C　11. D　12. C　13. D
14. D　15. C

二、多项选择题

1. BCD　2. ABC　3. BC　4. BC　5. AD　6. BCD　7. AC　8. AD　9. ABCD　10. ACD

三、判断题

1. √ 2. √ 3. √ 4. × 5. √ 6. √ 7. × 8. × 9. × 10. × 11. × 12. ×
13. √ 14. √ 15. √

四、名词解释

单式记账法是对发生的经济业务，只通过一个账户进行单方面的登记，它不要求进行全面的、相互联系的登记。

复式记账法是指对每笔经济业务发生所引起的一切变化，都以相同的金额在两个或两个以上的账户中进行相互联系的登记。

借贷记账法是以"借"和"贷"为记账符号，运用复式记账原理登记经济业务的一种记账方法。

会计科目是对会计要素进行分类的标志，它是设置账户的直接依据。

会计账户是根据会计科目设置的，用来分类记录企业会计业务内容的场所。

试算平衡是用来检查会计人员在记账的过程中可能会出现某些错误的一种方法。

五、简答题

1. 基本要点有：第一，记账符号是"借"和"贷"，没有实际意义，仅仅是作为符号。第二，账户结构是左边为"借"，右边为"贷"，资产类账户的借方记录增加，贷方记录减少，余额在借方；负债、所有者权益类账户借方记录减少，贷方记录增加，余额在贷方；费用类账户与资产类账户类似，收入、利润类账户与负债和权益类账户相似，但费用、收入和利润类账户期末均无余额。

2. 账户是对会计要素进行分类反映的工具。账户与会计科目既有联系又有区别。它们都是用来分门别类地反映会计对象的具体内容的，但账户是根据会计科目设置的，会计科目只是账户的名称，它只能表明科目核算的经济内容和结构；而账户除了名称外还具有一定的格式，可以对会计的具体内容进行连续、系统地记录，以反映该账户所记录经济内容的增减变化及其结果。因此，会计科目和账户是相互依存、密切联系的，只有把会计科目和账户有机地结合起来，才能完成记账的任务。

3. 如果从资产、负债、权益三个要素考查，企业经济业务不外乎有以下九类：

（1）资产与资产交换；

（2）负债与负债交换；

（3）权益与权益交换；

（4）以负债取得资产；

（5）资产与权益同增；

（6）以资产偿还负债；

（7）放弃资产，减少权益；

（8）增加权益，减少负债；

（9）承担负债，减少权益。

六、业务题

1. 答案如表 3-3 所示

表 3-3   经济业务归类   单位：元

业务内容	借方科目	金额	贷方科目	金额
以银行存款购入材料 5 000 元，已入库	原材料	5 000	银行存款	5 000
从银行借入短期借款 10 000 元，存入银行	银行存款	10 000	短期借款	10 000
从外单位购入材料，3 000 元货款暂欠	原材料	3 000	应付账款	3 000
将现金 1 000 元存入银行	银行存款	1 000	库存现金	1 000
收到投资者投资款 50 000 元，存入银行	银行存款	50 000	实收资本	50 000
收到外单位的固定资产投资计价 20 000 元	固定资产	20 000	实收资本	20 000
以银行存款偿还应付款 2 000 元	应付账款	2 000	银行存款	2 000
以现金支付厂部电话费 800 元	管理费用	800	库存现金	800

2. 答案如表 3-4 所示：

表 3-4   经济业务归类   单位：元

经济业务	资产	=	负债	+	权益	
	借（+）	贷（-）	借（-）	贷（+）	借（-）	贷（+）
（1）	500 000					500 000
	200 000					200 000
	300 000					300 000
（2）	280 000	280 000				
（3）	150 000	150 000				
（4）	200 000			200 000		
（5）		150 000		150 000		
（6）	40 000			40 000		
（7）	50 000	50 000				
（8）	35 000	35 000				
（9）				250 000	250 000	
（10）		100 000				100 000

表3-4(续)

经济业务	资产		=	负债	+	权益	
	借（+）	贷（-）	借（-）	贷（+）	借（-）	贷（+）
（11）		180 000	180 000			
（12）			200 000			200 000
（13）	30 000	30 000				
（14）	400 000			400 000		
（15）					100 000	100 000
合计	2 185 000	825 000	530 000	1 040 000	450 000	1 300 000
	1 360 000		=	510 000	+	850 000	

第四章　会计循环（上）

学习重点及难点

一、会计循环的内容

会计循环是指企业会计人员根据日常经济业务，按照《企业会计准则》的要求，采取专门的会计方法，将零散、复杂的会计资料加工成满足会计信息使用者需要的信息的处理过程。

会计循环是会计人员在某一会计期间内从取得经济业务的资料到编制财务报表所进行的会计处理程序和步骤。一个完整的会计循环一般包括以下步骤：

（1）编制会计分录。

（2）过账。

（3）试算平衡。

（4）调账。

（5）编制报表。

（6）结账。

二、会计事项

会计事项也叫交易事项或经济业务。会计人员需要处理的不是企业发生的所有事项，而仅仅是交易事项，即会计事项。会计事项的特点如下：

（1）能够以货币计量的经济事项。

（2）能引起企业（会计主体）资产、负债、权益、收入、费用、利润增减变动的经济事项。

三、会计分录

会计分录是会计人员根据企业经济业务发生所取得的审核无误的原始凭证，按照复式记账规则，指明应借、应贷会计科目及其金额的一种记录。

会计分录可分为简单会计分录和复合会计分录。简单会计分录是指会计事项发生只需要在两个账户中进行反映的记录；复合会计分录是指会计事项发生需要在两个以上的账户中进行反映的记录。

四、过账

过账也称为登记账簿，是根据编制的记账凭证（会计分录）分别登记到各有关账簿的过程。过账包括过入日记账和过入分类账。过入日记账主要指根据有关收款凭证、付款凭证登记现金日记账和银行存款日记账。过入分类账主要指根据有关记账凭证登记总分类账和明细分类账。

总分类账是按照一级科目设置，提供总括资料的分类账；明细分类账是按照二级科目或明细科目设置，提供详细资料的分类账。

总分类账户是其所属明细分类账户的综合账户，对所属明细分类账户起着统驭作用，提供总括指标。明细分类账户是有关总分类账户指标的具体化和必要补充，对有关总分类账户起着辅助和补充作用，提供详细指标。

总分类账户和明细分类账户平行过账的要点有三个：

（1）同时过入。

（2）方向相同。

（3）金额相等。

五、试算平衡

试算平衡是根据会计的平衡原理或会计等式来检查会计记录和过账是否有错误的过程。试算结果如果不平衡，说明会计记录和过账中存在错误，应进一步查明原因。如果试算结果平衡了，只能表明会计记录和过账基本正确，并不能说明会计记录和过账没有问题。因为可能存在漏记，重记，借、贷方向多记相等金额或少记相等金额，只是借方记错了账户或只是贷方记错了账户等。这些问题不能通过试算平衡发现。

练习题

一、单项选择题

1. 下列错误能够通过试算平衡查找的是（　　）。

  A. 重记经济业务　　　　　　　　B. 借贷方向相反

  C. 漏记经济业务　　　　　　　　D. 借贷金额不等

2. 经济业务发生仅涉及负债这一会计要素时，两个负债项目将会（　　）变动。

  A. 同减　　　　　　　　　　　　B. 一增一减

  C. 同增　　　　　　　　　　　　D. 无变化

3. 存在对应关系的账户称为（　　）。

  A. 平衡账户　　　　　　　　　　B. 对应账户

  C. 无联系账户　　　　　　　　　D. 恒等账户

4. 在交易、事项处理过程中，会形成账户的对应关系，这种关系是指（　　　）。

 A. 总分类账户与总分类账户之间的关系

 B. 总分类账户与明细分类账户之间的关系

 C. 总分类科目与总分类科目之间的关系

 D. 有关账户之间的应借应贷关系

5. 一个会计期间依次继起的会计工作的程序或步骤是（　　　）。

 A. 会计方法   B. 会计循环

 C. 会计调整   D. 会计核算

6. 早期的会计分录是在分录簿中进行的，现在的会计分录是通过（　　　）进行的。

 A. 账簿   B. 原始凭证

 C. 记账凭证   D. 会计报表

7. 根据会计分录，从记账凭证转记入分类账户的工作为（　　　）。

 A. 账项调整   B. 结账

 C. 转账   D. 过账或登账

8. 下列属于会计循环某一环节的是（　　　）。

 A. 会计方法   B. 过入分类账

 C. 会计分录   D. 会计核算

9. 涉及一借一贷的会计分录是（　　　）。

 A. 单式会计分录   B. 简单会计分录

 C. 复合会计分录   D. 多个会计分录

10. 不属于总账与明细账登记的要点的是（　　　）。

 A. 平行登记   B. 金额相等

 C. 方向相同   D. 先登记总账后登记明细账

二、多项选择题

1. 会计循环包括的内容是（　　　）。

 A. 设置账户   B. 编制会计分录、过账、调账、结账

 C. 试算平衡   D. 编制会计报表

2. 属于企业会计事项的是（　　　）。

 A. 签订购货合同   B. 实现销售收入

 C. 支付职工工资   D. 考核职工上班情况

3. 运用平行过账登记总账和明细账时，必须做到（　　　）。

 A. 登记的方向一致   B. 登记的详细程度一样

 C. 登记的金额相等   D. 登记的时间相同

4. 编制会计分录的载体可以是（　　　）。

A. 账簿   B. 分录簿

C. 记账凭证   D. 会计报表

5. 通过试算平衡不能查找的差错有（   ）。

A. 重记经济业务   B. 漏记经济业务

C. 借贷方向正好记反   D. 借贷金额记录不一致

6. 在借贷记账法下，试算平衡的方法有（   ）。

A. 差额试算平衡   B. 期末余额试算平衡

C. 总额试算平衡   D. 本期发生额试算平衡

7. 下列属于复合会计分录的是（   ）。

A. 一借一贷   B. 一借多贷

C. 多借一贷   D. 多借多贷

8. 总账与明细账的关系是（   ）。

A. 所有总账的余额之和等于所有明细账的余额之和

B. 各总账的余额等于其所属明细账的余额之和

C. 总账反映总括资料，明细账反映明细资料

D. 总账起着统驭作用，明细账起着补充说明作用

9. 根据权责发生制的要求设置的账户是（   ）。

A. 预收账款   B. 预付账款

C. 库存现金   D. 应收账款

10. 收付实现制不需要设置的账户是（   ）。

A. 主营业务收入   B. 预付账款

C. 应收账款   D. 应付账款

三、判断题

1. 会计循环是会计人员在某一会计期间内，从取得经济业务的资料到编制会计报表所进行的会计处理程序、步骤或过程。 （   ）

2. 只有引起企业六个会计要素增减变动的事项，才是会计事项，会计人员应对其进行会计处理。 （   ）

3. 简单会计分录只记录在一个账户中，复合会计分录要记入两个账户中。 （   ）

4. 单式记账法编制简单会计分录，复式记账法编制复合会计分录。 （   ）

5. 复合分录可以分解为几个简单分录，几个简单分录可以合并为一个复合分录。 （   ）

6. 根据账户记录编制试算平衡表以后，如果所有账户的借方发生额同所有账户的贷方发生额相等，则说明账户记录一定是正确的。 （   ）

7. 所有总账的期末余额之和必定等于所有明细账期末余额之和。 （   ）

8. 总账和明细账的同时登记是指要两个或两个以上的会计人员在同一时刻分别登记总账和明细账。　　　　　　　　　　　　　　　　　　　　　　（　　）

9. 过账是指经济业务发生后编制会计分录然后过入分类账的过程。　（　　）

10. 权责发生制和收付实现制都需要设置"待摊费用"与"预提费用"账户。

（　　）

四、名词解释

会计循环　会计分录　会计事项

五、简答题

1. 会计循环的内容有哪些？

2. 什么是总账和明细账？二者的关系如何？

3. 试算平衡方法有几种？试算平衡方法的作用是什么？有何不足之处？

六、业务题

A 企业有关账户期初余额如下：

（1）"原材料"总账余额　　　借方　　　　　100 000 元

其中：甲材料　　　　20 千克　　单价　500 元　金额　10 000 元

乙材料　　　2 000 千克　　单价　10 元　金额　20 000 元

丙材料　　　1 000 千克　　单价　70 元　金额　70 000 元

（2）"应付账款"总额余额　　贷方　　　　20 000 元

其中：红星厂　　　　　　6 000 元

风华公司　　　　14 000 元

（3）其他总账余额为："库存现金" 2 000 元，"银行存款" 380 000 元，"应收账款" 4 000 元（东风厂），"库存商品" 20 000 元，"生产成本" 30 000 元，"固定资产" 200 000 元，"累计折旧" 40 000 元，"实收资本" 616 000 元，"资本公积" 24 000 元，"短期借款" 36 000 元。

本月发生下列经济业务（不考虑增值税）：

（1）向红星厂购入甲材料 40 千克，单价 500 元；乙材料 4 000 千克，单价 10 元；合计货款 60 000 元，货款暂欠，材料已验收入库。

（2）从银行取得短期借款 30 000 元，偿还红星厂欠款 20 000 元，偿还风华公司欠款 10 000 元。

（3）生产用甲材料 15 千克，乙材料 1 500 千克，丙材料 300 千克。

（4）从风华公司购入乙材料 2 000 千克，单价 10 元；丙材料 1 000 千克，单价 70 元；合计货款 90 000 元，货款以银行存款支付，材料已验收入库。

（5）以存款偿还风华公司欠款 2 000 元，偿还红星厂欠款 10 000 元。

（6）收到东风厂上月所欠购货款 2 000 元存入银行。

根据以上资料，编制会计分录，过入总分类账和明细分类账并编制发生额及余额试算平衡表。

参考答案

一、单项选择题
1. D　2. B　3. B　4. D　5. B　6. C　7. D　8. B　9. B　10. D

二、多项选择题
1. BCD　2. BC　3. ACD　4. BC　5. ABC　6. BD　7. BCD　8. BCD　9. ABD
10. BCD

三、判断题
1. √　2. √　3. ×　4. ×　5. ×　6. ×　7. ×　8. ×　9. √　10. ×

四、名词解释
会计循环是指企业会计人员根据日常经济业务，按照会计准则的要求，采取专门的会计方法，将零散、复杂的会计资料加工成满足会计信息使用者需要的信息的处理过程。

会计分录是会计人员根据企业经济业务发生所取得的审核无误的原始凭证，按照复式记账规则，指明应借、应贷会计科目及其金额的一种记录。

会计事项也叫交易事项或经济业务。会计人员需要处理的不是企业发生的所有事项，而仅仅指交易事项，即会计事项。

五、简答题
1. 会计循环是会计人员在某一会计期间内，从取得经济业务的资料到编制财务报表所进行的会计处理程序和步骤。一个完整的会计循环一般包括如下六个步骤：

（1）编制会计分录。根据经济业务发生时所取得的原始凭证，经过审核无误后，按复式记账原理编制记账凭证（会计分录）。

（2）过账。根据所编制的记账凭证或汇总记账凭证分别过入日记账、总分类账和明细分类账。

（3）试算平衡。定期对所记录的经济业务结果进行测算，检查其账户记录的正确性。

（4）调账。月末根据权责发生制的要求，编制调整会计分录。

（5）结账。期末对损益类账户进行结算，编制结账会计分录，确定损益。

（6）编制会计报表。定期编制反映企业财务状况、经营成果及现金流量的报表。

2. 总分类账是按照一级科目设置，提供总括资料的分类账；明细分类账是按照二级科目或明细科目设置，提供详细资料的分类账。总分类账户是其所属明细分类账户的综合账户，对所属明细分类账户起着统驭作用；明细分类账户是有关总分类账户指标的具体化和必要补充，对有关总分类账户起着辅助和补充作用。明细分类账户是有关总分类账户的从属账户。总分类账户和明细分类账户都是根据同一会计事项，为说明同一经济指标，相互补充地提供既总括综合又详细具体的会计信息。

3. 试算平衡一般采用两种方法。

本期发生额试算平衡：

所有账户本期借方发生额之和＝所有账户本期贷方发生额之和

期末余额试算平衡：

资产账户的期末余额之和＝负债、所有者权益账户贷方余额之和

试算平衡的主要作用如下：

（1）试算平衡表可以用来检查分类账的过账工作和记录情况是否正确和完备。

（2）试算平衡表所汇列的资料，为会计人员定期编制财务报表提供方便。

如果试算结果平衡了，只能说明过账和会计记录基本上是正确的，而不能保证过账和记录完美无缺，因为借贷双方平衡只能表示分类账户的借贷双方曾经记入了相等的金额。但是，记入的金额即使相等，也不一定就是正确、完整的记录。有许多错误对于借贷双方平衡并不产生影响，因而就不能通过试算平衡来发现。

六、业务题

1. 编制会计分录如下：

（1）借：原材料——甲材料　　　　　　　　　　　　　　　20 000

　　　　　　——乙材料　　　　　　　　　　　　　　　40 000

　　　贷：应付账款——红星厂　　　　　　　　　　　　　　60 000

（2）借：应付账款——红星厂　　　　　　　　　　　　　　20 000

　　　　　　——风华公司　　　　　　　　　　　　　　10 000

　　　贷：短期借款　　　　　　　　　　　　　　　　　　30 000

（3）借：生产成本　　　　　　　　　　　　　　　　　　43 500

　　　贷：原材料——甲材料　　　　　　　　　　　　　　7 500

　　　　　　——乙材料　　　　　　　　　　　　　　15 000

　　　　　　——丙材料　　　　　　　　　　　　　　21 000

（4）借：原材料——乙材料　　　　　　　　　　　　　　20 000

　　　　　　——丙材料　　　　　　　　　　　　　　70 000

　　　贷：银行存款　　　　　　　　　　　　　　　　　　　90 000

（5）借：应付账款——风华公司　　　　　　　　　　　　2 000

　　　　　　——红星厂　　　　　　　　　　　　　　10 000

　　　贷：银行存款　　　　　　　　　　　　　　　　　　　12 000

（6）借：银行存款　　　　　　　　　　　　　　　　　　2 000

　　　贷：应收账款——东风厂　　　　　　　　　　　　　　　2 000

2. 总分类账如下：

借	原材料	贷		借	库存现金	贷
期初余额	100 000			期初余额	2 000	
①	60 000	③	43 500			
④	90 000					
发生额	150 000	发生额	43 500	发生额	— 发生额	—
期末余额	206 500			期末余额	2 000	

借	银行存款	贷		借	应收账款	贷
期初余额	380 000			期初余额	4 000	
⑥	2 000	④	90 000			⑥	2 000
		⑤	12 000				
发生额	2 000	发生额	102 000	发生额	— 发生额	2 000
期末余额	280 000			期末余额	2 000	

借	库存商品	贷		借	生产成本	贷
期初余额	20 000			期初余额	30 000	
				③	43 500	
发生额	— 发生额	—		发生额	43 500	发生额	—
期末余额	20 000			期末余额	73 500	

借	固定资产	贷		借	累计折旧	贷
期初余额	200 000					期初余额	40 000
发生额	— 发生额	—		发生额	— 发生额	—
期末余额	200 000					期末余额	40 000

借	实收资本	贷		借	资本公积	贷
	期初余额	616 000			期初余额	24 000
发生额 —	发生额	—		发生额 —	发生额	—
	期末余额	616 000			期末余额	24 000

借	短期借款	贷		借	应付账款	贷
	期初余额	36 000			期初余额	20 000
	②	30 000		② 30 000	①	60 000
				⑤ 12 000		
发生额 —	发生额	30 000		发生额 42 000	发生额	60 000
	期末余额	66 000			期末余额	38 000

3. 明细分类账如表 4-1~表 4-6 所示。

表 4-1　　　　　　　　　　　原材料明细分类账　甲材料

摘要	收入			发出			结存		
	数量（千克）	单价（元）	金额（元）	数量（千克）	单价（元）	金额（元）	数量（千克）	单价（元）	金额（元）
期初结存							20	500	10 000
购入材料	40	500	20 000				60	500	30 000
生产领用				15	500	7 500	45	500	22 500
本期发生额及余额	40	500	20 000	15	500	7 500	45	500	22 500

表 4-2　　　　　　　　　　　原材料明细分类账　乙材料

摘要	收入			发出			结存		
	数量（千克）	单价（元）	金额（元）	数量（千克）	单价（元）	金额（元）	数量（千克）	单价（元）	金额（元）
期初结存							2 000	10	20 000
购入材料	4 000	10	40 000				6 000	10	60 000
生产领用				1 500	10	15 000	4 500	10	45 000
购入材料	2 000	10	20 000				6 500	10	65 000
本期发生额及余额	6 000	10	60 000	1 500	10	15 000	6 500	10.	65 000

表 4-3 　　　　　　　　　　　　原材料明细分类账　丙材料

摘要	收入			发出			结存		
	数量（千克）	单价（元）	金额（元）	数量（千克）	单价（元）	金额（元）	数量（千克）	单价（元）	金额（元）
期初结存							1 000	70	70 000
生产领用				300	70	21 000	700	70	49 000
购入材料	1 000	70	70 000				1 700	70	119 000
本期发生额及余额	1 000	70	70 000	300	70	21 000	1 700	70	119 000

表 4-4 　　　　　　　　　　　　应付账款明细账　红星厂　　　　　　　　　单位：元

摘要	借方金额	贷方金额	借或贷	余额
期初结存			贷	6 000
购料欠款		60 000	贷	66 000
偿还欠款	20 000		贷	46 000
偿还欠款	10 000		贷	36 000
本期发生额及余额	30 000	60 000	贷	36 000

表 4-5 　　　　　　　　　　　　应付账款明细账　风华公司　　　　　　　　单位：元

摘要	借方金额	贷方金额	借或贷	余额
期初结存			贷	14 000
偿还欠款	10 000		贷	4 000
偿还欠款	2 000		贷	2 000
本期发生额及余额	12 000		贷	2 000

表 4-6 　　　　　　　　　　　　应收账款明细账　东风厂　　　　　　　　　单位：元

摘要	借方金额	贷方金额	借或贷	余额
期初结存			借	4 000
收回应收账款		2 000		
本期发生额及余额			借	2 000

4. 发生额及余额试算平衡表如表 4-7 和表 4-8 所示。

表 4-7　　　　　　　　　　　　　　本期发生额试算平衡表　　　　　　　　　　　单位：元

账户名称	借方发生额	贷方发生额
原材料	150 000	43 500
银行存款	2 000	102 000
应收账款		2 000
生产成本	43 500	
应付账款	42 000	60 000
短期借款		30 000
合计	237 500	237 500

表 4-8　　　　　　　　　　　　　　余额试算平衡表　　　　　　　　　　　　　单位：元

账户名称	借方发生额	贷方发生额
原材料	206 500	
库存现金	2 000	
银行存款	280 000	
应收账款	2 000	
库存商品	20 000	
生产成本	73 500	
固定资产	200 000	
累计折旧		40 000
实收资本		616 000
资本公积		24 000
短期借款		66 000
应付账款		38 000
合计	784 000	784 000

第五章　会计循环（下）

学习重点及难点

一、调账

（一）调账的概念及内容

调账是企业根据权责发生制的要求，在编制会计报表之前，对有关账项进行适当的调整。

企业在会计期间终了时所需调整的账项，一般有以下四类：

（1）应计收入的调整。

（2）应计费用的调整。

（3）预收收入的调整。

（4）预付费用的调整。

（二）会计基础

会计基础是指企业会计人员确认和编报一定会计期间的收入和费用等会计事项的基本原则和方法。会计基础有两种，即收付实现制和权责发生制。

（1）收付实现制。收付实现制又称实收实付制或现金制。收付实现制是按照是否在本期已经收到或支付货币资金为标准来确定本期收入和费用的一种会计基础。

（2）权责发生制。权责发生制又称应收应付制或应计制。权责发生制是以应收应付（是否应该属于本期，而不管是否收到或支付货币资金）为标准来确定本期收入和费用的一种会计基础。

（三）应计收入的调整

应计收入是指那些在会计期间终了时已经获得或实现但尚未收到款项和未入账的经营收入。比如应收出租包装物收入、应收企业长期投资或短期投资收入以及应收银行存款利息收入和应收出租固定资产收入等。月末编制调整分录时，一方面形成应收债权资产的增加，在资产负债表中反映资产的增加；另一方面确认本期的营业收入，在利润表中反映收入的增加。

【例5-1】A公司出租一台设备给B公司，协议规定，每月租金为500元，半年支付一次。A公司1月终虽未收到款项，但已提供了出租资产给B公司使用，应确认收入，应编制调整分录如下：

借：其他应收款（增加资产影响资产负债表）　　　　　　　　　　　　500

　　贷：主营业务收入（增加收入影响利润表）　　　　　　　　　　　　500

（四）应计费用的调整

应计费用是指本期已经发生或已经受益，按受益原则应由本期负担，但由于尚未实际支付，而还没有入账的费用。

编制应计费用调整分录时，一方面确认本期应承担的费用，在利润表中的费用项目中增加费用，另一方面形成一项尚未支付款项的负债，在资产负债表的负债项目增加负债。

【例5-2】A公司从银行借了一笔短期借款50 000元，月利率4%，按季支付利息。A公司1月虽未实际支付利息款项，但已经受益，应确认1月末的财务费用并形成一项尚未支付的负债，应编制调查分录如下：

借：财务费用（增加费用影响利润表）　　　　　　　　　　　　　　2 000

　　贷：应付利息（增加负债影响资产负债表）　　　　　　　　　　　2 000

（五）预收收入的调整

预收收入在会计上称为递延收入。预收收入是指已经收到款项入账但不应该归属于本期，而应于以后提供产品或劳务的会计期间才能获得（确认）的各项收入，如预收账款、预收出租包装物租金、预收出租固定资产租金等。

编制预收收入的调整分录时，一方面抵减已形成的负债，在资产负债表的负债项目中减少负债，另一方面确认收入，在利润表的收入项目增加主营业务收入。

【例5-3】A公司为B公司提供一项劳务，需要3个月才能完成，全部款项9 000元，但协议规定，提供劳务之前，B公司应预付全部款项9 000元。

A公司收到B公司的预付款时，形成了一项负债（这不是调整分录），编制会计分录如下：

借：银行存款　　　　　　　　　　　　　　　　　　　　　　　　　9 000

　　贷：预收账款（预收收入）　　　　　　　　　　　　　　　　　　9 000

1月末，确认9 000元中的1/3的收入，编制预收收入的调整分录如下：

借：预收账款（减少负债影响资产负债表）　　　　　　　　　　　　3 000

　　贷：主营业务收入（增加收入影响利润表）　　　　　　　　　　　3 000

A公司编制调整分录，"预收账款"账户尚有贷方余额6 000元，应在未来两个月提供劳务清偿债务。

（六）预付费用的调整

预付费用也称为待摊费用或递延费用。预付费用是指预先已经支付应由本期和以后各期负担的费用。

【例5-4】A公司1月份支付全年保险费用12 000元。这12 000元并不能作为1月份的费用处理，因为此费用支付后，其受益为全年，因此本月只需要负担1/12。

A公司支付保险费用时不形成费用，而形成一项资产（这不是调整分录），A公司1月末编制会计分录如下：

借：管理费用　　　　　　　　　　　　　　　　　　　　　　　12 000
　贷：银行存款　　　　　　　　　　　　　　　　　　　　　　12 000

与预付费用调整分录类似的有计提固定资产折旧、无形资产摊销、提取各项减值准备、计算并结转成本等。其主要特点是一方面增加本期费用，另一方面减少资产。

总之，调整分录不会涉及库存现金、银行存款等货币资金，并且一方会影响资产负债表项目变动，另一方会影响利润表项目变动。

二、对账和结账

（一）对账

对账是指在会计循环过程中，将企业会计账簿记录与企业财产物资以及其他单位的会计账簿记录所进行的核对工作。

对账的内容包括账证核对、账账核对、账实核对、账表核对。

（二）结账

结账是在年度终了时，分别计算各账户的发生额合计或余额，然后结平或转至下期，在记载上告一段落。

损益类账户（虚账户）的结账是将各损益类账户编制结账分录，将其本期发生额合计从其相反的方向结平，转入"本年利润"汇总计算出本年的利润总额、所得税费用和净利润，最终将净利润转入"利润分配——未分配利润"账户（权益账户）。

将所有收入从其借方转入"本年利润"账户的贷方，编制收入账户的调整分录如下：

借：有关收入
　贷：本年利润

将所有成本费用账户从其贷方转入"本年利润"账户的借方，编制成本费用账户的调整分录如下：

借：本年利润
　贷：各成本费用

将"本年利润"账户的差额转入利润分配，编制会计分录如下：

借：本年利润
　贷：利润分配——未分配利润

对于实账户，即资产、负债、权益类账户的结账，是将其期末余额直接转记入各账户的下年度账页中，不需要编制结账会计分录。

练习题

一、单项选择题

1. 将各损益账转平的会计分录是（　　　）。

A. 结账分录

B. 复合分录

C. 调账分录

D. 简单分录

2. 下列属于应计收入调整分录的是（　　　）。

A. 借：库存现金
　　　贷：其他应收款

B. 借：应收利息
　　　贷：利息收入

C. 借：银行存款
　　　贷：主营业务收入

D. 借：主营业务收入
　　　贷：库存现金

3. 根据权责发生制的要求，需要设置的账户是（　　　）。

A. 预收账款

B. 库存现金

C. 主营业务收入

D. 管理费用

4. 月初企业支付 6 个月的保险费用 6 000 元，在权责发生制下，应计入每个月的费用是（　　　）。

A. 6 000 元

B. 1 000 元

C. 500 元

D. 3 000 元

5. 下列属于应计费用调整分录的是（　　　）。

A. 借：财务费用
　　　贷：应付利息

B. 借：预提费用
　　　贷：银行存款

C. 借：待摊费用
　　　贷：银行存款

D. 借：管理费用
　　　贷：库存现金

6. 下列属于预付费用调整分录的是（　　　）。

A. 借：管理费用
　　　贷：应付职工薪酬

B. 借：预提费用
　　　贷：银行存款

C. 借：待摊费用
　　　贷：银行存款

D. 借：管理费用
　　　贷：预付账款——待摊费用

7. 下列属于成本分摊调整分录的是（　　　）。

A. 借：管理费用
　　　贷：累计折旧

B. 借：长期待摊费用
　　　贷：银行存款

C. 借：预付账款
　　　贷：银行存款

D. 借：管理费用
　　　贷：库存现金

8. 下列属于预收收入调整分录的是（　　　）。

A. 借：银行存款　　　　　　　　B. 借：预收账款

　　贷：预收账款　　　　　　　　　　贷：主营业务收入

C. 借：银行存款　　　　　　　　D. 借：原材料

　　贷：应收账款　　　　　　　　　　贷：应付账款

二、多项选择题

1. 下列属于预付费用或成本分摊调整分录的是（　　　）。

A. 借：管理费用　　　　　　　　B. 借：管理费用

　　贷：应付职工薪酬　　　　　　　　贷：累计摊销

C. 借：预付账款　　　　　　　　D. 借：管理费用

　　贷：银行存款　　　　　　　　　　贷：预付账款——待摊费用

2. 下列属于应计收入调整分录的是（　　　）。

A. 借：应收利息　　　　　　　　B. 借：银行存款

　　贷：利息收入（财务费用）　　　　贷：主营业务收入

C. 借：其他应收款　　　　　　　D. 借：预收账款

　　贷：主营业务收入　　　　　　　　贷：主营业务收入

3. 根据权责发生制的要求，需要设置的账户是（　　　）。

A. 应收账款　　　　　　　　　　B. 应付账款

C. 预收账款　　　　　　　　　　D. 制造费用

4. 根据权责发生制的要求，需要设置的账户是（　　　）。

A. 预付账款　　　　　　　　　　B. 预收账款

C. 预付账款——待摊费用　　　　D. 管理费用

5. 根据权责发生制的要求，需要设置的账户是（　　　）。

A. 应收账款　　　　　　　　　　B. 应付职工薪酬

C. 应交税费　　　　　　　　　　D. 财务费用

6. 下列属于结账分录的是（　　　）。

A. 借：所得税费用　　　　　　　B. 借：本年利润

　　贷：应交税费　　　　　　　　　　贷：所得税费用

C. 借：本年利润　　　　　　　　D. 借：主营业务收入

　　贷：管理费用　　　　　　　　　　贷：本年利润

7. 下列属于结账分录的是（　　　）。

A. 借：本年利润　　　　　　　　B. 借：投资收益

　　贷：主营业务成本　　　　　　　　贷：本年利润

C. 借：本年利润　　　　　　　　D. 借：原材料

　　贷：利润分配　　　　　　　　　　贷：应付账款

8. 不需要编制会计分录的结账是（　　　）。

　　A. 生产成本　　　　　　　　B. 主营业务收入

　　C. 财务费用　　　　　　　　D. 固定资产

三、判断题

1. 调整会计分录的特点是一方面影响资产负债表项目的变动，另一方面影响利润表项目的变动。　　　　　　　　　　　　　　　　　　　　　　　　　　（　　　）

2. 调整会计分录不会涉及库存现金和银行存款。　　　　　　　　（　　　）

3. 调整会计分录一般都是在期末编制，平时不编制。　　　　　　（　　　）

4. 损益类账户为虚账户，结账后期末一般无余额；其他类账户为实账户，期末结账后仍有余额。　　　　　　　　　　　　　　　　　　　　　　　　　　（　　　）

5. 虚账户和实账户期末结账时，都需要编制结账会计分录。　　　（　　　）

6. 应计收入的调整会引起收入的增加，负债的减少。　　　　　　（　　　）

7. 应计费用的调整会引起费用的增加，负债的增加。　　　　　　（　　　）

8. 预收收入的调整会引起收入的增加，负债的减少。　　　　　　（　　　）

9. 预付费用的调整会引起费用的增加，负债的减少。　　　　　　（　　　）

10. 应计收入的调整会引起收入的增加，资产的增加。　　　　　（　　　）

四、名词解释

权责发生制　　收付实现制　　调账　　结账

五、简答题

1. 为什么要调账？企业有哪些调账业务？

2. 会计基础有哪两种？两者的区别有哪些？

六、业务题

1. 请根据某企业以下资料编制会计分录（不考虑增值税）：

（1）李厂长出差借支 1 000 元，出纳以现金支付。

（2）从银行借入短期借款 100 000 元存入银行。

（3）出纳开出现金支票从银行提取现金 2 000 元以备零用。

（4）行政管理人员张三回厂报销差旅费 800 元，出纳以现金支付。

（5）李厂长回厂报销差旅费 600 元，余款 400 元交回现金。

（6）李明持银行转账支票去市内红星厂购回材料 15 000 元，材料已入库。

（7）企业销售产品一批给 M 公司，货款 80 000 元，60 000 元收回存入银行，余款对方暂欠。

（8）以银行存款支付广告费 5 000 元。

（9）收到 W 公司上月购货欠款 2 000 元存入银行。

（10）以银行存款 20 000 元购回计算机两台。

（11）以银行存款支付本月银行借款利息支出 800 元（已预提）。

（12）以银行存款 2 400 元预付全年报刊费。

2. 请根据某企业以下资料编制会计分录，并说明哪些为调整分录：

（1）月底调整（确认）应计入本期的出租包装物租金收入 2 000 元，款未收到。

（2）预提本月银行借款利息 1 000 元。

（3）以银行存款支付已计提的 3 个月短期借款利息 3 000 元。

（4）提取职工福利费 5 000 元，其中生产工人 3 000 元，车间管理人员 800 元，厂部管理人员 1 200 元。

（5）预收劳务货款 10 000 元存入银行。

（6）月底确认预收劳务收入 2 500 元。

（7）以银行存款预付全年报刊费 600 元。

（8）以银行存款预付全年房屋租金 12 000 元。

（9）计提本月固定资产折旧费 5 000 元，其中车间使用固定资产折旧费 4 000 元，管理部门使用固定资产折旧费 1 000 元。

（10）该企业从本期开始计提坏账准备，本年末应收账款余额 100 000 元，按 5% 提取坏账准备。

参考答案

一、单项选择题

1. A 2. B 3. A 4. B 5. A 6. D 7. A 8. B

二、多项选择题

1. BD 2. AC 3. ABC 4. ABC 5. ABC 6. BCD 7. ABC 8. AD

三、判断题

1. √ 2. √ 3. √ 4. √ 5. × 6. × 7. √ 8. √ 9. × 10. √

四、名词解释

权责发生制是以应收应付（是否应该属于本期）为标准来确定本期收入和费用的一种会计基础。

收付实现制是按照是否在本期已经收到货币资金（库存现金、银行存款）为标准来确定本期收入和费用的一种会计基础。

调账是指根据权责发生制的要求，于期末对一些账项进行适当和必要的调整。

结账指在年度终了，分别计算各账户的发生额和余额，然后结平借贷双方或结转下期，在记载上告一段落。

五、简答题

1. 企业在编制财务报表之前，必须考虑某一会计期间已经实现的收入和已经发生的费用是否都已入账，或者虽已入账，是否都属于本期的经营收入和经营费用。根据权责发生制的要求，为了正确确定某一会计期间的经营成果，为会计信息使用者提供有用的会计信息，在编制财务报表之前，应就一些有关账项进行适当或必要的调整。企业在会计期间终了时所需调整的账项，一般有以下四类：

（1）应收收入的调整。

（2）预收收入的调整。

（3）应计费用的调整。

（4）预付费用和成本分摊的调整。

2. 会计基础是指企业会计人员确认和编报一定会计期间的收入和费用等会计事项的基本原则和方法。会计基础有两种，即收付实现制和权责发生制。

收付实现制是按照是否在本期已经收到货币资金（库存现金、银行存款）为标准来确定本期收入和费用的一种会计基础。只要收到了货币款项，就确认收入，不管是否应该确认；只要付了货币款项就确认为费用，不管是否应该确认。

权责发生制是以应收应付（是否应该属于本期）为标准来确定本期收入和费用的一种会计基础。只要属于本期的收入，不管是否收到货币款项，都应确认为本期收入；只要属于本期的费用，不管是否支付了货币款项，都应确认为本期的费用。采用权责发生制能够正确确定各期的损益。

收付实现制和权责发生制的根本区别在于收入和费用的确认（入账）时间不同；前者以收入或费用的收到或支付货币资金的时间作为确认（入账）标准；后者则以收入或费用的实现（赚得）或发生的时间作为确认（入账）标准。

六、业务题

1. 会计分录编制如下：

（1）借：其他应收款——李厂长   1 000

   贷：库存现金   1 000

（2）借：银行存款   100 000

   贷：短期借款   100 000

（3）借：库存现金   2 000

	贷：银行存款	2 000

（4）借：管理费用　　　　　　　　　800
　　　贷：库存现金　　　　　　　　　800
（5）借：管理费用　　　　　　　　　600
　　　　库存现金　　　　　　　　　400
　　　贷：其他应收款——李厂长　　1 000
（6）借：原材料　　　　　　　　15 000
　　　贷：银行存款　　　　　　　15 000
（7）借：银行存款　　　　　　　60 000
　　　　应收账款——M 公司　　20 000
　　　贷：主营业务收入　　　　　80 000
（8）借：销售费用　　　　　　　　5 000
　　　贷：银行存款　　　　　　　　5 000
（9）借：银行存款　　　　　　　　2 000
　　　贷：应收账款——W 公司　　2 000
（10）借：固定资产　　　　　　　20 000
　　　　贷：银行存款　　　　　　20 000
（11）借：应付利息　　　　　　　　800
　　　　贷：银行存款　　　　　　　800
（12）借：管理费用　　　　　　　2400
　　　　贷：银行存款　　　　　　2400

2. 会计分录
（1）借：其他应收款　　　　　　2 000
　　　贷：主营业务收入　　　　　2 000
（2）借：财务费用　　　　　　　1 000
　　　贷：应付利息　　　　　　　1 000
（3）借：应付利息　　　　　　　3 000
　　　贷：银行存款　　　　　　　3 000
（4）借：生产成本　　　　　　　3 000
　　　　制造费用　　　　　　　　800
　　　　管理费用　　　　　　　1 200
　　　贷：应付职工薪酬　　　　　5 000
（5）借：银行存款　　　　　　10 000
　　　贷：预收账款　　　　　　10 000
（6）借：预收账款　　　　　　　2 500

贷：主营业务收入	2 500
（7）借：管理费用	600
贷：银行存款	600
（8）借：管理费用	12 000
贷：银行存款	12 000
（9）借：制造费用	4 000
管理费用	1 000
贷：累计折旧	5 000
（10）借：资产减值损失	5 000
贷：坏账准备	5 000

（1）为应计收入调整分录。（2）、（4）为应计费用调整分录。（6）为预收收入调整分录。（9）、（10）为资产摊销调整分录。

第六章　主要经济业务的核算

学习重点及难点

本章是将前面学习的会计循环的各个环节连接起来，进行综合运用，对企业生产经营全过程的会计业务进行处理。

（1）了解生产经营过程的主要会计业务，了解物资采购业务核算应设置的会计科目及各业务（包括固定资产的购置、材料物资的采购）的会计处理。

（2）了解生产业务核算应设置的会计科目及各业务（包括生产领用材料、分配和发放工资、计提福利费以及计算并结转产品生产成本）的会计处理。

（3）了解销售业务核算应设置的会计科目及各业务（销售收入的实现、销售成本的结转、销售费用的发生、有关税金的计算）的会计处理。

（4）了解利润的形成、分配核算应设置的会计科目及各业务（结清各损益账户、形成利润、计算所得税费用、发生营业外收支业务）的会计处理。

练习题

一、单项选择题

1. 一般纳税人企业，记入"物资采购"账户借方的是（　　）。

　　A. 购入材料时支付的增值税进项税额

　　B. 购入材料的发票价款

　　C. 入库材料的成本

　　D. 生产领用材料的成本

2. 一般纳税人企业，记入"生产成本"账户借方的是（　　）。

　　A. 生产工人的工资　　　　　　　　B. 行政管理人员的工资

　　C. 广告费用　　　　　　　　　　　D. 利息费用

3. （　　）是工业企业继供应过程之后所经历的又一主要生产经营过程，其主要任务是实现生产资料与劳动力的结合。

　　A. 销售过程　　　　　　　　　　　B. 利润形成过程

　　C. 生产过程　　　　　　　　　　　D. 利润分配过程

4. 规模较小、外购材料不多、材料采购业务简单的企业，也可将外购材料的买价和采购费用直接记入（　　）账户的借方，而不设置"材料采购"账户。

A. "原材料"　　　　　　　　　　B. "生产成本"

C. "应收账款"　　　　　　　　　D. "银行存款"

5. 待摊费用属于（　　）要素内容。

A. 费用　　　　　　　　　　　　B. 收入

C. 负债　　　　　　　　　　　　D. 资产

6. 预收账款是企业的（　　）要素项目。

A. 资产　　　　　　　　　　　　B. 收入

C. 负债　　　　　　　　　　　　D. 费用

7. 供应过程是工业企业再生产活动所经历的（　　）。

A. 最后一个阶段　　　　　　　　B. 第一个阶段

C. 中间阶段　　　　　　　　　　D. 第二个阶段

8. 一般纳税人企业，"材料采购"账户借方记录采购过程中发生的（　　）。

A. 采购材料的实际成本　　　　　B. 行政管理人员的工资

C. 采购材料支付的进项税额　　　D. 生产工人的差旅费

9. 一般纳税人企业，不构成材料采购成本的是（　　）。

A. 材料买价　　　　　　　　　　B. 进项税额

C. 运杂费用　　　　　　　　　　D. 其他采购费用

10. 月末对"制造费用"进行分配并转账，应转入（　　）账户。

A. 生产成本　　　　　　　　　　B. 管理费用

C. 销售费用　　　　　　　　　　D. 财务费用

11. 购买单位在材料采购业务之前按合同先向供应单位预付购货款时，形成了（　　）。

A. 负债　　　　　　　　　　　　B. 债务

C. 债权　　　　　　　　　　　　D. 权益

12. 购买单位购进材料时暂不付款，从而形成企业对供应单位的一项（　　）。

A. 债权　　　　　　　　　　　　B. 暂收款

C. 债务　　　　　　　　　　　　D. 暂付款

13. "制造费用"账户是专门用来归集和分配（　　）范围内为产品生产和提供服务而发生的各项（　　）。

A. 车间/直接费用　　　　　　　B. 全厂/间接费用

C. 全厂/直接费用　　　　　　　D. 车间/间接费用

14. 借记"所得税费用"科目，贷记"应交税费——应交所得税"科目，属于（　　）。

A. 应计费用调整分录　　　　　　B. 应计收入调整分录

C. 预付费用调整分录　　　　　　D. 预收收入调整分录

二、多项选择题

1. "财务费用"账户记录的内容是（　　　）。

　　A. 预提短期借款利息

　　B. 支付已预提银行短期借款利息

　　C. 银行结算的手续费

　　D. 不预提，直接支付银行短期借款利息

2. 一般纳税人企业，构成材料采购成本的是（　　　）。

　　A. 材料买价　　　　　　　　　B. 采购过程的运杂费

　　C. 进项税额　　　　　　　　　D. 外地采购机构设置费

3. 构成产品制造成本项目的有（　　　）。

　　A. 直接材料成本　　　　　　　B. 制造费用

　　C. 直接人工成本　　　　　　　D. 管理费用

4. 下列属于应计费用的调整业务的是（　　　）。

　　A. 计提职工福利费用　　　　　B. 计算应交所得税

　　C. 计算分配应付职工工资　　　D. 以现金支付广告费用

5. 材料供应过程的业务有（　　　）。

　　A. 支付采购材料的货款　　　　B. 支付购货时应付的增值税进项税额

　　C. 支付采购材料的各种运杂费　D. 生产领用材料

6. 企业生产过程中的业务包括（　　　）。

　　A. 计提和支付生产工人的工资　B. 生产领用材料

　　C. 计提生产用固定资产的折旧费　D. 支付广告费

7. 生产过程中的调整业务有（　　　）。

　　A. 预提生产用固定资产的修理费　B. 摊销已支付的固定资产修理费

　　C. 计提生产用固定资产折旧费　D. 支付生产用固定资产保险费

8. 生产过程中的调整业务有（　　　）。

　　A. 计算分配生产工人的工资　　B. 支付生产工人的工资

　　C. 计提生产工人的福利费　　　D. 报销生产工人的医药费

9. 产品销售过程中的业务有（　　　）。

　　A. 支付广告费　　　　　　　　B. 销售商品，未收到货款

　　C. 计算销售商品应付的税金　　D. 计算并结转销售商品的成本

10. 销售过程中的调整业务有（　　　）。

　　A. 月末确认本期未收货款已实现的收入

B. 收到了购货单位的欠款

C. 月末确认本期预收账款已实现的收入

D. 收到预收收入款

11. 销售过程中的调整业务有（　　）。

A. 计算销售商品应交的税金

B. 收到了购货单位的欠款

C. 月末确认本期预收账款已实现的收入

D. 支付广告费用

12. 构成财务成果的内容包括（　　）。

A. 实现的经营利润　　　　　　B. 实现的投资收益

C. 发生的营业外收入和支出　　D. 制造费用

13. 生产过程中应该设置的主要账户有（　　）。

A. "制造费用"　　　　　　　B. "管理费用"

C. "生产费用"　　　　　　　D. "销售费用"

14. 应计入管理费用的是（　　）。

A. 企业行政管理人员的工资及提取的福利

B. 计提无形资产的摊销

C. 管理部门计提的固定资产折旧

D. 支付管理部门固定资产维修费

15. 月末编制调整分录时，记入"营业税金及附加"账户借方的内容是(　　)。

A. 计算应交所得税费用　　　　B. 计算应交城市维护建设税

C. 计算应交教育费附加　　　　D. 计算应交增值税

16. 在产品销售过程中应设置的主要账户有（　　）。

A. 主营业务收入　　　　　　　B. 销售费用

C. 应收账款　　　　　　　　　D. 制造费用

17. 属于结账业务的是（　　）。

A. 计算应付所得税费用

B. 将"所得税费用"转入"本年利润"

C. 将所有收入的本期发生额转入"本年利润"

D. 将所有的成本费用转入"本年利润"

三、判断题

1. 制造企业的生产经营过程包括供应过程、生产过程和销售过程，而商业企业只包括前后两个过程，没有生产过程。　　　　　　　　　　　　　　（　　）

2. 材料供应过程是制造企业生产经营的起点。　　　　　　　　　　（　　）

3. 从理论上讲，采购人员的差旅费应该构成材料采购成本的内容。为简化核算工作，采购人员的差旅费不大时，也可以直接计入管理费用。（　　）

4. 一般纳税人企业，采购材料时支付的进项税额应构成材料的成本。（　　）

5. "材料采购"账户是一个计算材料采购成本的成本计算账户，但同时也是一个盘存账户。（　　）

6. 构成产品制造成本的是"直接材料""直接人工"两个项目，"制造费用"属于期间费用，不构成产品成本。（　　）

7. 计提职工薪酬是生产过程中应计费用的调整业务。（　　）

8. 发生待摊费用不是调整业务，月末按规定摊销待摊费用时才是调整业务。（　　）

9. 计算应交所得税费用的会计分录是涉及利润分配的会计分录。（　　）

10. 计算应交税金时需要编制调整会计分录，支付税金不是调整会计分录。（　　）

四、名词解释

产品生产成本　固定资产折旧　营业外收入　净利润

五、简答题

1. 生产过程和销售过程的主要业务有哪些？

2. 企业税后净利润的分配程序是怎样的？

六、业务题

1. 资料：W公司2015年10月发生下列材料采购业务：

（1）W公司从A公司购入甲材料一批，数量为10 000千克，单价为30元/千克，增值税进项税额为51 000元，共计351 000元。W公司当即以银行存款支付。材料已验收入库。

（2）W公司从B公司购买乙材料10吨，单价为6 000元/吨，进项增值税为10 200元，共计70 200元。其中，30 000元通过银行支付，其余暂欠。材料已验收入库。

（3）W公司从C公司购买丙材料80吨，单价为7 400元/吨，进项增值税税率为17%。材料已验收入库，材料款尚未支付。

（4）W公司去火车站提取已运到的甲、乙两种材料时，以现金支付车站材料整理费315元（采购费用按材料重量分配金额较小，不考虑增值税）。

（5）W公司向D公司预付购买甲材料的价款80 000元。

（6）D公司按合同发来甲材料4吨，单价为31 000元/吨，进项增值税税额为21 080元，以银行存款补付所欠余款。甲材料验收入库。

（7）W公司以银行存款支付前欠C公司材料款。

要求：根据上述业务编制会计分录并编制本期发生额试算平衡表。

2. 资料：W公司 2015 年 10 月发生下列生产业务：

（1）生产车间为了生产甲产品，到仓库领用 A 材料 1 000 千克、B 材料 2 000 千克；为了生产乙产品，到仓库领用 A 材料 700 千克、B 材料 800 千克、C 材料 900 千克。同时，生产车间一般耗用 C 材料 800 千克，企业管理部门耗用 C 材料 300 千克。A、B、C 三种材料的实际单位成本分别为每千克 20 元、30 元、10 元。

（2）W公司以银行存款支付咨询费 3 000 元。

（3）采购员王磊出差前预借差旅费 1 000 元，W公司以现金支付。

（4）生产车间机器设备日常维修和厂部办公用房日常修理分别领用 D 材料 3 000 元、5 000 元。

（5）W公司本月应付生产甲、乙两种产品的生产工人工资分别为 96 000 元，84 000 元；应付生产车间管理人员和厂部管理人员工资分别为 8 000 元、12 000 元。

（6）W公司根据上述应付工资额的 14% 计提本月职工福利费。

（7）W公司计提本月固定资产折旧，其中应提生产车间和厂部用固定资产折旧费分别为 40 000 元、10 000 元。

（8）W公司用银行存款 200 000 元发放工资。

（9）W公司以银行存款预付第二年企业材料仓库租金 15 000 元。

（10）W公司以现金 700 元支付业务招待费。

（11）W公司以银行存款支付水电费 3 000 元，其中甲产品耗用 1 300 元，乙产品耗用 1 200 元，车间管理部门耗用 200 元、厂部办公耗用 300 元。

（12）采购员王磊报销差旅费 900 元，余款交回现金。

（13）W公司将制造费用 80 320 元按工时比例分配法分配给甲产品与乙产品，两种产品消耗工时分别为 8 600 工时、11 400 工时。

（14）W公司本月完工甲产品 700 件，乙产品 1 800 件，单位成本分别为 80 元、20 元。

要求：根据上述业务编制会计分录并编制本期发生额试算平衡表。

3. 资料：W公司 2015 年 10 月发生下列销售业务（增值税销项税率按 17% 计算）：

（1）W公司向 K 公司销售甲产品 10 件，每件售价（不含税，下同）1 000 元，货款计 10 000 元。购买单位交来转账支票一张，面额 11 700 元。货已提走，支票送存银行。

（2）W公司按合同向购买单位 G 公司发出乙产品 20 台，单位售价 15 000 元，价款合计 300 000 元，以现金垫付运杂费 1 110 元。合同规定，对方可于收货后 10 天内付款。

（3）W公司向 P 公司销售甲产品 20 件，每件售价 1 000 元，价款合计 20 000 元，税款 23 400 元。其中，10 000 元收到转账支票，余款暂欠。

（4）W公司按合同规定预收 H 公司甲产品货款 60 000 元，存入银行。

（5）H公司从 W 公司提走甲产品 65 件，每件售价 1 000 元，价款以原预收款抵付，

H公司同时通过银行补付不足款项。

（6）W公司开出转账支票，支付电视台广告费6 000元。

（7）H公司退回本月购去的甲产品一件，甲产品的销售单价为1 000元，W公司当即以银行存款付讫。

（8）W公司本月已售甲产品94件，单位成本500元；乙产品20台，单位成本7 000元。月末结转销售成本。

（9）W公司以现金支付本月所售产品运输装卸费600元。

（10）W公司收到G公司前欠货款。

要求：根据上述业务编制会计分录并编制本期发生额试算平衡表。

4. 资料：W公司2015年度发生下列利润及分配业务：

（1）W公司与F公司打官司获得70 000元赔款，已收到并存入银行。

（2）W公司以银行存款支付税务部门的罚款60 000元。

（3）W公司支付短期借款利息30 000元。

（4）W公司月末各损益账户本期发生额如下：主营业务收入、投资收益、营业外收入贷方本期发生额分别为1 300 000元、80 000元、70 000元；主营业务成本、营业税金及附加、销售费用、管理费用、财务费用、营业外支出借方本期发生额分别为405 000元、25 000元、20 000元、160 000元、30 000元、60 000元。月底，W公司结转各损益账户余额。

（5）W公司适用的企业所得税税率为25%。据计算，W公司本月应交所得税费用150 000元。

（6）W公司通过银行上交上述所得税费用。

（7）W公司结转全年实现的净利润626 250元。

（8）按规定W公司计提取法定盈余公积45 000元，任意盈余公积25 000元。

（9）W公司本年应分给投资者的利润，据计算为300 000元。

（10）W公司以银行存款支付现金股利300 000元。

要求：根据上述业务编制会计分录，并编制本期发生额试算平衡表。

参考答案

一、单项选择题

1. B　2. A　3. C　4. A　5. D　6. C　7. B　8. A　9. B　10. A　11. C　12. C　13. D　14. A

二、多项选择题

1. ACD　2. ABD　3. ABC　4. ABC　5. ABC　6. ABC　7. ABC　8. AC　9. ABCD

10. AC　11. AC　12. ABC　13. AC　14. ABCD　15. BC　16. ABC　17. BCD

三、判断题
1. √　2. √　3. √　4. ×　5. √　6. ×　7. √　8. √　9. ×　10. √

四、名词解释

产品生产成本是指为生产某一产品所发生的各种耗费，包括直接材料、直接人工和其他制造费用。

固定资产折旧是指固定资产的使用或其他原因使固定资产发生价值上的损耗或磨损，其磨损的价值逐渐转入产品生产成本和相关费用。

营业外收入是指与企业生产经营无直接关系而产生的各种偶然所得，如向别人索取的赔款。

净利润是指企业实现的利润总额扣除所得税费用后的差额。

五、简答题

1. 生产过程的主要经济业务（或会计事项）包括以下三个方面：

（1）将材料物资投入生产过程。

（2）劳动资料在生产过程中逐步发生磨损。

（3）在生产过程中发生的人工成本。

销售过程的核算主要包括以下三个方面的内容：

（1）销售收入的确认和销售产品后货款的结算情况。企业的销售收入一方面用来补偿已售产品的实际成本，另一方面形成企业的销售税金和销售利润即企业的纯收入。

（2）销售费用的发生情况。销售费用是企业为销售产品所发生的各项费用，包括在产品的销售过程中发生的包装费、运输费、广告费、专设销售机构的正常经费等。

（3）销售税金的应缴、实缴和欠缴情况。

2. 企业缴纳所得税费用后的利润，除国家另有规定以外，应按照下列顺序进行分配：

（1）弥补企业以前年度亏损。

（2）提取法定盈余公积金。

（3）提取任意盈余公积。

（4）向投资者分派利润。

股份有限公司在提取法定盈余公积金以后，则应依照有关规定按照下列顺序进行分配：

（1）支付优先股股利。

（2）提取任意盈余公积金，任意盈余公积金按照公司章程或者股东会议决议提取和使用。

（3）支付普通股利。

六、业务题

1. 会计分录如下：

（1）借：原材料——甲材料　　　　　　　　　　　　　　　300 000
　　　　　应交税费——应交增值税（进项税额）　　　　　　 51 000
　　　　　　贷：银行存款　　　　　　　　　　　　　　　　351 000

（2）借：原材料——乙材料　　　　　　　　　　　　　　　 60 000
　　　　　应交税费——应交增值税（进项税额）　　　　　　 10 200
　　　　　　贷：应付账款——B 公司　　　　　　　　　　　 40 200
　　　　　　　　银行存款　　　　　　　　　　　　　　　　 30 000

（3）借：原材料——丙材料　　　　　　　　　　　　　　　592 000
　　　　　应交税费——应交增值税（进项税额）　　　　　　100 640
　　　　　　贷：应付账款—— C 公司　　　　　　　　　　 692 640

（4）借：原材料——甲材料　　　　　　　　　　　　　　　　157.5
　　　　　　　　　——乙材料　　　　　　　　　　　　　　　157.5
　　　　　　贷：库存现金　　　　　　　　　　　　　　　　　 315

（5）借：预付账款——D 公司　　　　　　　　　　　　　　 80 000
　　　　　　贷：银行存款　　　　　　　　　　　　　　　　 80 000

（6）借：原材料——甲材料　　　　　　　　　　　　　　　124 000
　　　　　应交税费——应交增值税（进项税额）　　　　　　 21 080
　　　　　　贷：预付账款——D 公司　　　　　　　　　　　 80 000
　　　　　　　　银行存款　　　　　　　　　　　　　　　　 65 080

（7）借：应付账款——C 公司　　　　　　　　　　　　　　692 640
　　　　　　贷：银行存款　　　　　　　　　　　　　　　　692 640

本期发生额试算平衡表如表 6-1 所示：

表 6-1　　　　　　　　　　　　　本期发生额试算平衡　　　　　　　　　　　单位：元

会计科目	本期借方发生额	本期贷方发生额
库存现金		315
银行存款		1 218 720
原材料	1 076 315	
预付账款	80 000	80 000
应付账款	692 640	732 840

表6-1（续）

会计科目	本期借方发生额	本期贷方发生额
应交税费	182 920	
合计	2 031 875	2 031 875

2. 会计分录如下：

（1）借：生产成本——甲产品　　　　　　　　80 000

　　　　　　　——乙产品　　　　　　　　47 000

　　　制造费用　　　　　　　　　　　　　8 000

　　　管理费用　　　　　　　　　　　　　3 000

　　　贷：原材料——A 材料　　　　　　　　34 000

　　　　　　　——B 材料　　　　　　　　84 000

　　　　　　　——C 材料　　　　　　　　20 000

（2）借：管理费用　　　　　　　　　　　　3 000

　　　贷：银行存款　　　　　　　　　　　3 000

（3）借：其他应收款 ——王磊　　　　　　　1 000

　　　贷：库存现金　　　　　　　　　　　1 000

（4）借：制造费用　　　　　　　　　　　　3 000

　　　管理费用　　　　　　　　　　　　　5 000

　　　贷：原材料——D 材料　　　　　　　　8 000

（5）借：生产成本——甲产品　　　　　　　96 000

　　　　　　　——乙产品　　　　　　　　84 000

　　　制造费用　　　　　　　　　　　　　8 000

　　　管理费用　　　　　　　　　　　　　12 000

　　　贷：应付职工薪酬——工资　　　　　200 000

（6）借：生产成本——甲产品　　　　　　　13 440

　　　　　　　——乙产品　　　　　　　　11 760

　　　制造费用　　　　　　　　　　　　　1 120

　　　管理费用　　　　　　　　　　　　　1 680

　　　贷：应付职工薪酬——职工福利　　　　28 000

（7）借：制造费用　　　　　　　　　　　　40 000

　　　管理费用　　　　　　　　　　　　　10 000

　　　贷：累计折旧　　　　　　　　　　　50 000

（8）借：应付职工薪酬——工资　　　　　　200 000

　　　贷：银行存款　　　　　　　　　　　200 000

（9）借：管理费用 15 000

　　　贷：银行存款 15 000

（10）借：管理费用 700

　　　　贷：库存现金 700

（11）借：生产成本——甲产品 1 300

　　　　　　　——乙产品 1 200

　　　　制造费用 200

　　　　管理费用 300

　　　贷：银行存款 3 000

（12）借：管理费用 900

　　　　库存现金 100

　　　　贷：其他应收款——王磊 1 000

（13）借：生产成本——甲产品 25 937.6

　　　　　　　——乙产品 34 382.4

　　　贷：制造费用 60 320

（14）借：库存商品——甲产品 56 000

　　　　　　　——乙产品 36 000

　　　贷：生产成本——甲产品 56 000

　　　　　　　——乙产品 36 000

本期发生额试算平衡表如表6-2所示：

表6-2　　　　　　　　　　　　本期发生额试算平衡　　　　　　　　　单位：元

会计科目	本期借方发生额	本期贷方发生额
库存现金	100	1 700
银行存款		221 000
其他应收款	1 000	1 000
原材料		146 000
管理费用	51 580	
制造费用	60 320	60 320
生产成本	395 020	92 000
库存商品	92 000	
应付职工薪酬	200 000	228 000
累计折旧		50 000
合计	800 020	800 020

3. 会计分录如下：

（1）借：银行存款　　　　　　　　　　　　　　　　　11 700
　　　　贷：主营业务收入　　　　　　　　　　　　　　10 000
　　　　　　应交税费——应交增值税（销项税额）　　　1 700
（2）借：应收账款——G公司　　　　　　　　　　　　352 110
　　　　贷：主营业务收入　　　　　　　　　　　　　　300 000
　　　　　　应交税费——应交增值税（销项税额）　　　51 000
　　　　　　库存现金　　　　　　　　　　　　　　　　1 110
（3）借：银行存款　　　　　　　　　　　　　　　　　10 000
　　　　应收账款——P公司　　　　　　　　　　　　　13 400
　　　　贷：主营业务收入　　　　　　　　　　　　　　20 000
　　　　　　应交税费——应交增值税（销项税额）　　　3 400
（4）借：银行存款　　　　　　　　　　　　　　　　　60 000
　　　　贷：预收账款——H公司　　　　　　　　　　　60 000
（5）借：预收账款——H公司　　　　　　　　　　　　60 000
　　　　银行存款　　　　　　　　　　　　　　　　　　16 050
　　　　贷：主营业务收入　　　　　　　　　　　　　　65 000
　　　　　　应交税费——应交增值税（销项税额）　　　11 050
（6）借：销售费用——广告费　　　　　　　　　　　　6 000
　　　　贷：银行存款　　　　　　　　　　　　　　　　6 000
（7）借：主营业务收入　　　　　　　　　　　　　　　1 000
　　　　应交税费——应交增值税（销项税额）　　　　　170
　　　　贷：银行存款　　　　　　　　　　　　　　　　1 170
（8）借：主营业务成本　　　　　　　　　　　　　　　187 000
　　　　贷：库存商品——甲产品　　　　　　　　　　　47 000
　　　　　　　　　　——乙产品　　　　　　　　　　　140 000
（9）借：销售费用　　　　　　　　　　　　　　　　　600
　　　　贷：库存现金　　　　　　　　　　　　　　　　600
（10）借：银行存款　　　　　　　　　　　　　　　　352 110
　　　　贷：应收账款——G公司　　　　　　　　　　　352 110

本期发生额试算平衡表如表6-3所示：

表 6-3 　　　　　　　　　　　　**本期发生额试算平衡**　　　　　　　　　　　　单位：元

会计科目	本期借方发生额	本期贷方发生额
库存现金		1 710
银行存款	449 860	7 170
应收账款	365 510	352 110
销售费用	6 600	
库存商品		187 000
预收账款	60 000	60 000
应交税费	170	67 150
主营业务成本	187 000	
主营业务收入	1 000	395 000
合计	1 070 140	1 070 140

4. 会计分录如下：

(1) 借：银行存款　　　　　　　　　　　　　　　　70 000

　　　贷：营业外收入　　　　　　　　　　　　　　　70 000

(2) 借：营业外支出　　　　　　　　　　　　　　　60 000

　　　贷：银行存款　　　　　　　　　　　　　　　　60 000

(3) 借：应付利息　　　　　　　　　　　　　　　　30 000

　　　贷：银行存款　　　　　　　　　　　　　　　　30 000

(4) 借：主营业务收入　　　　　　　　　　　　1 300 000

　　　　投资收益　　　　　　　　　　　　　　　80 000

　　　　营业外收入　　　　　　　　　　　　　　70 000

　　　贷：本年利润　　　　　　　　　　　　　1 450 000

　　借：本年利润　　　　　　　　　　　　　　850 000

　　　贷：主营业务成本　　　　　　　　　　　　555 000

　　　　　营业税金及附加　　　　　　　　　　　25 000

　　　　　销售费用　　　　　　　　　　　　　　20 000

　　　　　管理费用　　　　　　　　　　　　　160 000

　　　　　财务费用　　　　　　　　　　　　　　30 000

　　　　　营业外支出　　　　　　　　　　　　　60 000

(5) 借：所得税费用　　　　　　　　　　　　　150 000

　　　贷：应交税费——应交所得税　　　　　　　150 000

　　借：本年利润　　　　　　　　　　　　　　150 000

　　　贷：所得税费用　　　　　　　　　　　　　150 000

（6）借：应交税费——应交所得税 150 000

　　　贷：银行存款 150 000

（7）借：本年利润 450 000

　　　贷：利润分配——未分配利润 450 000

（8）借：利润分配——未分配利润 70 000

　　　贷：盈余公积——提取法定盈余公积 45 000

　　　　　　　——提取任意盈余公积 25 000

（9）借：利润分配——未分配利润 300 000

　　　贷：应付利润 300 000

（10）借：应付利润 300 000

　　　贷：银行存款 300 000

本期发生额试算平衡表如表 6-4 所示：

表 6-4　　　　　　　　　　　　　本期发生额试算平衡　　　　　　　　　单位：元

会计科目	本期借方发生额	本期贷方发生额
银行存款	70 000	540 000
销售费用		20 000
管理费用		160 000
财务费用		30 000
主营业务成本		555 000
营业税金及附加		25 000
营业外支出	60 000	60 000
所得税费用	150 000	150 000
应交税费	150 000	150 000
应付利润	330 000	300 000
主营业务收入	1 300 000	
投资收益	80 000	
营业外收入	70 000	70 000
本年利润	1 450 000	1 450 000
利润分配	370 000	450 000
盈余公积		70 000
合计	4 030 000	4 030 000

第七章　账户的分类

学习重点及难点

一、账户分类的意义

（1）通过账户分类可以进一步认识已经学过的账户。

（2）通过账户分类可以了解每一账户在整个账户体系中所处的地位和应起的作用。

二、账户按经济内容分类

账户的经济内容是指账户反映的会计对象的具体内容。将账户按其反映的经济内容进行分类，对于正确区分账户的经济性质、合理设置和运用账户、提供企业经营管理和对外报告所需要的各种核算指标，具有重要意义。账户按经济内容，也可以分为资产类账户、负债类账户、所有者权益类账户、收入类账户、费用类账户、利润类账户。

三、账户按用途和结构分类

所谓账户的用途，是指设置和运用账户的目的，即通过账户记录提供什么核算指标。所谓账户的结构，是指在账户中如何登记经济业务，以取得所需要的各种核算指标，即账户借方登记什么、贷方登记什么、期末账户有无余额。

掌握账户按用途和结构分类时各类账户的用途与结构的特点，其中重点掌握盘存账户、结算账户、跨期摊配账户、调整账户的用途与结构。

练习题

一、单项选择题

1. 账户按用途和结构分类，下列属于盘存账户的是（　　）。

　A. "销售费用"　　　　　　　　　　B. "主营业务成本"

　C. "管理费用"　　　　　　　　　　D. "原材料"

2. 账户按用途和结构分类，下列属于债务结算账户的是（　　）。

　A. "应收账款"　　　　　　　　　　B. "应收股利"

　C. "预收账款"　　　　　　　　　　D. "预付账款"

3. 账户按用途和结构分类，下列属于集合分配账户的是（　　）。

　　A. "财务费用"　　　　　　　　B. "管理费用"

　　C. "销售费用"　　　　　　　　D. "制造费用"

4. 账户按用途和结构分类，下列属于跨期摊配账户的是（　　）。

　　A. "管理费用"　　　　　　　　B. "长期待摊费用"

　　C. "制造费用"　　　　　　　　D. "财务费用"

5. 账户按用途和结构分类，下列属于备抵账户的是（　　）。

　　A. "原材料"　　　　　　　　　B. "应收账款"

　　C. "固定资产"　　　　　　　　D. "累计折旧"

6. 账户按用途和结构分类，属于备抵附加调整账户的是（　　）。

　　A. "坏账准备"　　　　　　　　B. "累计折旧"

　　C. "材料成本差异"　　　　　　D. "存货减值准备"

7. 账户按用途和结构分类，下列属于财务成果账户的是（　　）。

　　A. "利润分配"　　　　　　　　B. "主营业务收入"

　　C. "本年利润"　　　　　　　　D. "营业外收入"

8. 累计折旧调整账户的被调整账户是（　　）。

　　A. "应收账款"　　　　　　　　B. "在建工程"

　　C. "原材料"　　　　　　　　　D. "固定资产"

9. 账户按用途和结构分类，"坏账准备"的被调整账户是（　　）。

　　A. "固定资产"　　　　　　　　B. "无形资产"

　　C. "应收账款"　　　　　　　　D. "存货"

10. 账户按用途和结构分类，下列不属于结算账户的是（　　）。

　　A. "应收账款"　　　　　　　　B. "应付账款"

　　C. "存货"　　　　　　　　　　D. "预付账款"

11. 账户分类的基础是（　　）。

　　A. 账户的用途　　　　　　　　B. 账户的结构

　　C. 账户的性质　　　　　　　　D. 账户的经济内容

12 不单独设置"预付账款"的企业，发生预付货款业务时，应记入（　　）账户。

　　A. "应收账款"　　　　　　　　B. "应付账款"

　　C. "预收账款"　　　　　　　　D. "其他应付款"

13. 账户按用途和结构分类，"累计摊销"账户是（　　）账户。

　　A. 备抵调整　　　　　　　　　B. 所有者权益

　　C. 财务成果　　　　　　　　　D. 损益类

二、多项选择题

1. 账户按用途和结构分类，下列属于盘存账户的是（　　）。

A．"生产成本"　　　　　　　　B．"主营业务成本"

C．"原材料"　　　　　　　　　D．"银行存款"

2．账户按用途和结构分类，下列属于债权结算账户的是（　　）。

A．"预付账款"　　　　　　　　B．"应收利息"

C．"预收账款"　　　　　　　　D．"其他应收款"

3．账户按用途和结构分类，下列属于备抵调整账户的是（　　）。

A．"坏账准备"　　　　　　　　B．"存货跌价准备"

C．"累计折旧"　　　　　　　　D．"无形资产"

4．账户按用途和结构分类，下列属于备抵调整账户的是（　　）。

A．"坏账准备"　　　　　　　　B．"长期股权投资减值准备"

C．"在建工程减值准备"　　　　D．"存货跌价准备"

5．账户按用途和结构分类，下列属于成本计算账户的是（　　）。

A．"管理费用"　　　　　　　　B．"材料采购"

C．"在建工程"　　　　　　　　D．"生产成本"

6．账户按用途和结构分类，企业采用计划成本计价核算存货时，下列属于计价对比账户的是（　　）。

A．"原材料"　　　　　　　　　B．"产成品"

C．"材料采购"　　　　　　　　D．"生产成本"

7．账户按用途和结构分类，下列属于被调整账户的是（　　）。

A．"固定资产"　　　　　　　　B．"应收票据"

C．"应收账款"　　　　　　　　D．"存货"

8．账户按经济内容分类，下列属于负债账户的是（　　）。

A．"预收账款"　　　　　　　　B．"预付账款"

C．"应付职工薪酬"　　　　　　D．"长期应付款"

三、判断题

1．账户按用途和结构分类是账户按经济内容分类的基础。（　　）

2．"生产成本"既是成本计算账户，又是盘存账户，还是计价对比账户。（　　）

3．"固定资产"是调整账户，"累计折旧"是被调整账户。（　　）

4．我国会计要素分为六类，但会计科目只分五类。（　　）

5．盘存账户的特点是有实物资产存在，并有期末余额。（　　）

6．"材料成本差异"账户有借方余额时为附加账户，有贷方余额时为备抵账户，因此"材料成本差异"账户是备抵附加调整账户。（　　）

7．资产账户一般都有余额，因此资产都属于盘存账户。（　　）

8．账户按用途和结构分类时，同一账户不能归为其他类中，也就是不能交叉分类。（　　）

四、名词解释

盘存账户　结算账户　集合分配账户　成本计算账户

五、简答题

1. 什么是账户按经济内容分类？账户按经济内容分为哪几类？

2. 什么是账户按用途和结构分类？账户按用途和结构分为哪几类？

3. 什么是调整账户？为什么要设置调整账户？调整账户分为哪几类？

参考答案

一、单项选择题

1. D　2. C　3. D　4. B　5. D　6. C　7. C　8. D　9. C　10. C　11. D　12. B　13. A

二、多项选择题

1. ACD　2. ABD　3. ABC　4. ABCD　5. BCD　6. CD　7. ACD　8. ACD

三、判断题

1. ×　2. √　3. ×　4. √　5. √　6. √　7. ×　8. ×

四、名词解释

盘存账户是用来反映和监督各项财产物资和货币资金的增减变动及其结存情况的账户。

结算账户是用来反映和监督企业同其他单位或个人以及企业内部单位或职工个人之间债权、债务结算情况的账户。

集合分配账户是用来归集和分配企业生产经营过程中某个阶段所发生的各种费用，而需向受益对象进行分配的账户。

成本计算账户是用来反映和监督企业生产经营某一阶段为购入、生产某项资产所发生的、应计入成本的费用并按对象计算实际成本的账户。

五、简答题

1. 账户的经济内容是指账户反映的会计对象的具体内容。账户按经济内容分类是对账户的最基本的分类，是账户按用途和结构分类的基础。企业会计对象的具体内容，按其经济特征可以归结为资产、负债、所有者权益、收入、费用和利润六项会计要素。账户按经济内容分类，也可以分为资产类账户、负债类账户、所有者权益类账户、收入类账户、费用类账户和损益类账户。

2. 账户的用途是指设置和运用账户的目的，即通过账户记录提供什么核算指标。账户的结构是指在账户中如何登记经济业务，以取得所需要的各种核算指标，即账户借方登记什么、贷方登记什么、期末账户有无余额。

账户按其用途和结构的不同分类，可以分为盘存账户、结算账户、资本账户、集合分配账户、跨期摊提账户、成本计算账户、收入账户、费用账户、财务成果账户、调整账户、计价对比账户和待处理财产账户 12 类账户。

3. 调整账户是用来调整被调整账户的余额，以求得被调整账户的实际余额而设置的账户。在会计核算中，由于管理上的需要或其他方面的原因，对于某些会计要素，要求用两种数字从不同的方面进行反映。在这种情况下，就需要设置两个账户，一个账户用来反映其原始数字；另一个账户用来反映对原始数字的调整数字，将原始数字和调整数字相加或相减，即可求得调整后的实际数字。调整账户分为备抵调整账户、附加调整账户和备抵附加调整账户三类。在实际工作中，附加调整账户比较少见。属于备抵账户的有"利润分配""累计折旧""坏账准备"等各种减值或跌价准备账户；属于备抵附加调整账户的有"材料成本差异"等账户。

第八章　会计凭证

学习重点及难点

一、会计凭证的概念

会计凭证是记录经济业务事项的发生和完成情况，以便明确经济责任，并作为记账依据的书面证明，是会计核算的重要会计资料。

二、会计凭证的分类

会计凭证按其填制的程序和用途，可分为原始凭证和记账凭证两类。

（一）原始凭证

原始凭证是在经济业务发生或完成时取得或填制的，用以证明经济业务的发生，明确经济责任，并作为记账原始依据的书面证明文件。

原始凭证还可按不同的标准进行分类。

（1）原始凭证按其填制手续的不同，可以分为一次凭证、累计凭证和汇总凭证。

（2）原始凭证按其来源的不同，可以分为自制原始凭证和外来原始凭证。

（二）记账凭证

记账凭证是会计部门根据审核无误的原始凭证，运用复式记账法编制会计分录，作为登记账簿的直接依据的书面证明。

（1）记账凭证按其适用的经济业务分类，分为专用记账凭证和通用记账凭证。

专用记账凭证按其所记录的经济业务是否与现金和银行存款有关，又分为收款记账凭证、付款记账凭证和转账记账凭证。

（2）记账凭证按其反映的会计科目是否单一，分为单式记账凭证和复式记账凭证。

三、会计凭证的填制、审核与传递

掌握原始凭证的基本要素、填写要求、原始凭证的审核，只有审核无误的原始凭证才能据以编制会计分录（记账凭证）。

掌握记账凭证的基本内容、编制方法以及对记账凭证的审核。

了解会计凭证的传递过程或程序，做好会计凭证的档案管理。

练习题

一、单项选择题

1. 会计的日常核算工作主要是（　　）。
   A. 财产清查
   B. 设置账户和会计科目
   C. 填制会计凭证
   D. 编制会计报表

2. 为保证会计账簿记录的正确性，会计人员编制记账凭证时必须依据（　　）。
   A. 金额计算正确的原始凭证
   B. 填写齐全的原始凭证
   C. 审核无误的原始凭证
   D. 盖有填制单位财务公章的原始凭证

3. 在会计实务中，原始凭证按照填制手续及内容的不同，可以分为（　　）。
   A. 通用凭证和专用凭证
   B. 收款凭证、付款凭证和转账凭证
   C. 外来原始凭证和自制原始凭证
   D. 一次凭证、累计凭证和汇总凭证

4. 下列会计凭证中，只反映价值量不反映实物量的是（　　）。
   A. 材料入库单
   B. 实存账存对比表
   C. 工资分配汇总表
   D. 限额领料单

5. 下列原始凭证中，属于累计凭证的是（　　）。
   A. 收料单
   B. 发货票
   C. 领料单
   D. 限额领料单

6. 对于将现金送存银行的业务，会计人员应填制的记账凭证是（　　）。
   A. 银行收款凭证
   B. 现金付款凭证
   C. 银行收款凭证和现金付款凭证
   D. 转账凭证

7. 下列内容不属于记账凭证审核的是（　　）。
   A. 凭证是否符合有关的计划和预算
   B. 会计科目使用是否正确
   C. 凭证的内容与所附凭证的内容是否一致
   D. 凭证的金额与所附凭证的金额是否一致

8. 下列内容不属于原始凭证审核的是（　　）。
   A. 凭证是否有填制单位的公章和填制人员签章
   B. 凭证是否符合规定的审核程序
   C. 凭证是否有付款方签名
   D. 会计科目使用是否正确

9. 下列记账凭证中可以不附原始凭证的是（　　）。
   A. 所有收款凭证
   B. 所有付款凭证
   C. 所有转账凭证
   D. 用于结账的记账凭证

10. 原始凭证按其来源和用途不同，可分为（　　）。

    A. 外来原始凭证和自制原始凭证　　　B. 原始凭证和记账凭证

    C. 专用记账凭证和通用记账凭证　　　D. 一次使用凭证和累计使用凭证

11. 下列原始凭证中，属于汇总原始凭证的是（　　）。

    A. 收料单　　　　　　　　　　　　　B. 差旅费报销单

    C. 领料单　　　　　　　　　　　　　D. 限额领料单

12. 关于原始凭证的填制，下列说法不正确的是（　　）。

    A. 不得以虚假的交易填制原始凭证

    B. 从外单位取得的原始凭证必须盖章

    C. 一式多联的原始凭证，只能以一联用作报销凭证

    D. 收回职工借款时，可将原借款借据正联退回，不必另开收据

13. 下列属于原始凭证的是（　　）。

    A. 银行存款余额调节表　　　　　　　B. 购货合同书

    C. 银行对账单　　　　　　　　　　　D. 实存账存对比表

14. 关于会计凭证的传递与保管，以下说法不正确的是（　　）。

    A. 保证会计凭证在传递过程中的安全、及时、准确和完整

    B. 要建立会计凭证交接的签收手续

    C. 会计凭证记账完毕后，应当按分类和编号装订成册

    D. 原始凭证不得外借，也不得复制

15. 填制记账凭证如发现错误，正确的处理方法是（　　）。

    A. 划线更正并签名　　　　　　　　　B. 划线更正并加盖单位公章

    C. 重新填制记账凭证　　　　　　　　D. 划线更正并签名且加盖单位公章

16. 出差车票和飞机机票属于（　　）。

    A. 自制原始凭证　　　　　　　　　　B. 累计使用原始凭证

    C. 外来原始凭证　　　　　　　　　　D. 多次使用的原始凭证

17. 记账凭证是（　　）。

    A. 编制会计报表的依据　　　　　　　B. 登记账簿的依据

    C. 编制汇总原始凭证的依据　　　　　D. 编制会计分录的依据

18. 原始凭证和记账凭证的相同点是（　　）。

    A. 编制的时间相同　　　　　　　　　B. 反映的经济业务的内容相同

    C. 所起的作用相同　　　　　　　　　D. 经济责任的当事人相同

19. 下列记账凭证可以不附原始凭证的是（　　）。

    A. 调账分录　　　　　　　　　　　　B. 更正错账的分录

    C. 转账分录　　　　　　　　　　　　D. 一般的会计分录

20. 企业计提利息费用时，应编制的会计凭证是（　　）。

A. 收款凭证   B. 付款凭证

C. 转账凭证   D. 汇总凭证

二、多项选择题

1. 原始凭证按其来源不同可分为（　　）。

    A. 累计使用原始凭证   B. 自制原始凭证

    C. 外来原始凭证   D. 一次使用原始凭证

2. 自制原始凭证按填制的手续不同可分为（　　）。

    A. 一次使用原始凭证   B. 多次使用原始凭证

    C. 外来原始凭证   D. 自制原始凭证

3. 记账凭证按适用的经济业务可分为（　　）。

    A. 专用记账凭证   B. 一次使用的凭证

    C. 通用记账凭证   D. 多次使用的凭证

4. 专用记账凭证可分为（　　）。

    A. 收款凭证   B. 通用记账凭证

    C. 付款凭证   D. 转账凭证

5. 记账凭证按其包括的会计科目是否单一可分为（　　）。

    A. 收款凭证   B. 付款凭证

    C. 单式凭证   D. 复式凭证

6. 填制和审核会计凭证的意义是（　　）。

    A. 记录经济业务，提供记账依据   B. 监督经济活动，控制经济运行

    C. 明确经济责任，强化内部控制   D. 增加企业盈利，提高竞争能力

7. 对原始凭证审核的内容有（　　）。

    A. 真实性   B. 合理性

    C. 及时性   D. 重要性

8. 下列会计记账凭证中，属于自制原始凭证的是（　　）。

    A. 工资分配表   B. 领料单

    C. 购货发票   D. 火车票

9. 对外来原始凭证进行真实性审核的内容包括（　　）。

    A. 是否加盖本单位公章

    B. 经济业务的内容是否真实

    C. 填制凭证的日期是否真实

    D. 填制单位的公章和填制人的签章是否齐全

10. 原始凭证的合法性包括（　　）。

    A. 符合国家法律法规   B. 符合规定的审批权限

    C. 有总经理的核准签字　　　　　　　　D. 履行了规定的凭证传递和审批程序

11. 下列属于原始凭证的有（　　）。

    A. 制造费用分配表　　　　　　　　　　B. 工资分配表

    C. 开出的现金支票　　　　　　　　　　D. 银行对账单

12. 记账凭证的填制，可以根据（　　）。

    A. 每一张原始凭证填制　　　　　　　　B. 账簿记录填制

    C. 若干张同类原始凭证汇总填制　　　　D. 原始凭证汇总表填制

13. 下列各项中属于记账凭证应具备的基本内容是（　　）。

    A. 经济业务的内容摘要　　　　　　　　B. 接收凭证单位的全称

    C. 经济业务的金额　　　　　　　　　　D. 经济业务所涉及的会计科目和金额

14. 下列各项中属于记账凭证审核内容的有（　　）。

    A. 使用的会计科目是否正确　　　　　　B. 所附原始凭证的内容是否相符

    C. 记账方向和金额是否正确　　　　　　D. 书写是否符合要求

15. 单位职工出差回来报销，并交回多余的现金，企业根据报销凭证的收据，应填制（　　）。

    A. 一张现金收款凭证　　　　　　　　　B. 一张转账凭证

    C. 一张银行存款收款凭证　　　　　　　D. 一张现金付款凭证

三、判断题

1. 原始凭证仅是填制记账凭证的依据，不能作为登记账簿的依据，只有记账凭证才是登记账簿的依据。　　　　　　　　　　　　　　　　　　　　　　　（　　）

2. 任何会计凭证都必须经过有关人员的严格审核并确认无误后，才能作为记账的依据。　　　　　　　　　　　　　　　　　　　　　　　　　　　　　　（　　）

3. 企业每项交易或事项的发生都必须从外部取得原始凭证。　　　　（　　）

4. 在证明交易或事项发生，据以填制记账凭证的作用方面，自制原始凭证与外来原始凭证具有同等的效力。　　　　　　　　　　　　　　　　　　　　　　（　　）

5. 只要是真实的原始凭证，就可以作为本企业收付财物和记账的依据。（　　）

6. 从会计循环来看，取得、填制和审核会计凭证是会计工作的开始环节。（　　）

7. 原始凭证不能表明交易或事项归类的会计科目和记账方向，记账凭证可以。

    　　　　　　　　　　　　　　　　　　　　　　　　　　　　　　　（　　）

8. 自制原始凭证必须由单位会计人员自行填制，非会计人员不能填制原始凭证。

    　　　　　　　　　　　　　　　　　　　　　　　　　　　　　　　（　　）

9. 记账凭证编制时出现错误，应按要求更改。　　　　　　　　　　（　　）

10. 涉及现金和银行存款增减的业务编制收款记账凭证或付款凭证，不涉及现金和银行存款的业务编制转账凭证。　　　　　　　　　　　　　　　　　　　（　　）

11. 单式记账凭证便于分工记账，复式记账凭证不便于分工记账。　　　（　　）

12. 所有记账凭证都必须附有原始凭证，并要填写所附原始凭证的张数。　（　　）

13. 为了避免重复记账，企业将现金存入银行或从银行提取现金的事项，一般只编制付款凭证，不同时编制收款凭证。　　　　　　　　　　　　　（　　）

14. 在填制记账凭证时，可以只填会计科目的编号，不填会计科目名称，以简化记账凭证的编制。　　　　　　　　　　　　　　　　　　　　　　（　　）

15. 实行会计电算化的单位，其记账凭证可由计算机自动编制，无须经会计人员确认。
　　　　　　　　　　　　　　　　　　　　　　　　　　　　　　（　　）

16. 原始凭证不得外借，其他单位如因特殊需要使用原始凭证时，会计人员可以为其复制。　　　　　　　　　　　　　　　　　　　　　　　　　　（　　）

17. 一式多联的原始凭证，应当注明各联的用途，只有一联作为报销凭证。（　　）

18. 单式记账凭证包括借项记账凭证和贷项记账凭证两种。　　　　　　（　　）

19. 原始凭证对于发生和完成的经济业务具有法律证明效力。　　　　　（　　）

20. 由于自制原始凭证的名称、用途不同，其内容、格式也不相同，因而不需要对其真实性、完整性和合法性进行审核。　　　　　　　　　　　　　　　（　　）

四、名词解释

会计凭证　原始凭证　　记账凭证　　专用记账凭证

五、简答题

1. 什么是会计凭证？会计凭证的意义是什么？

2. 什么是原始凭证？原始凭证是如何分类的？

3. 怎样填制和审核原始凭证？

4. 怎样填制和审核记账凭证？

六、业务题

资料：M 企业 2015 年 5 月发生以下经济业务：

（1）1 日，M 企业收到甲对企业的现金投资 450 000 元存入银行；乙对企业投资一台设备，协商作价 250 000 元；丙对企业投资一项无形资产，协商作价 300 000 元。

（2）2 日，M 企业从中国工商银行借入长期借款 500 000 元存入银行。

（3）3 日，M 企业用银行存款从 B 公司购入一批甲材料已入库，材料的实际成本为 80 000 元。

（4）4 日，M 企业从 A 公司购入一批乙材料，价款 150 000 元，货款暂欠。

（5）5 日，M 企业从中国银行借入短期借款 150 000 元，偿还所欠 A 公司的购货款。

（6）6 日，M 企业生产 A 产品从材料仓库领用甲材料 30 000 元。

（7）7日，M 企业从银行提取现金 40 000 元以备零用。

（8）8日，M 企业以银行存款 220 000 元购入设备一台。

（9）9日，M 企业向股东宣告将发放现金股利 250 000 元，股利暂时还未发放。

（10）10 日，M 企业经其他股东同意，丙抽回其投资 100 000 元，以现金支付。

（11）11 日，M 企业以银行存款偿还工商银行短期借款 180 000 元。

（12）12 日，经全体股东同意，M 企业将银行借款 200 000 元转作投资，银行成为 M 企业的股东之一。

（13）13 日，M 企业预收 N 公司的购货款 400 000 元存入银行。

（14）14 日，M 企业以银行存款 80 000 元向 H 公司投资，成为 H 公司的股东之一。

（15）15 日，经全体股东同意，M 企业将以前未分配完的利润转作股本 100 000 元（分配股票股利）。

要求：（1）根据业务编制通用记账凭证。

（2）根据业务编制专用记账凭证。

参考答案

一、单项选择题

1. C　2. C　3. D　4. C　5. D　6. B　7. A　8. C　9. D　10. A　11. B　12. D　13. D　14. D　15. C　16. C　17. B　18. B　19. B　20. C

二、多项选择题

1. BC　2. AB　3. AC　4. ACD　5. CD　6. ABC　7. ABC　8. AB　9. BCD　10. ABD　11. ABC　12. ACD　13. ACD　14. ABCD　15. AB

三、判断题

1. ×　2. √　3. ×　4. √　5. ×　6. √　7. √　8. ×　9. ×　10. √　11. √　12. ×　13. √　14. ×　15. ×　16. √　17. √　18. √　19. √　20. ×

四、名词解释

会计凭证是记录经济业务、明确经济责任、作为记账依据的书面证明。

原始凭证又称单据，是在经济业务发生或完成时取得或填制的，用以证明经济业务的发生，明确经济责任，并作为记账原始依据的一种会计凭证。

记账凭证是会计部门根据审核无误的原始凭证，运用复式记账法编制会计分录，作为登记账簿的直接依据的一种会计凭证。

专用记账凭证是根据经济业务是否涉及现金收付分类编制的会计凭证。专用记账凭证分为收款凭证、付款凭证和转账凭证。

五、简答题

1. 会计凭证是记录经济业务、明确经济责任、作为记账依据的书面证明。会计凭证的填制和审核是会计工作的基础。填制会计凭证为会计监督提供了客观依据，审核会计凭证可保证会计记录的真实准确，促使会计主体的经济活动合理合法，有助于企业实行经济责任制，对于保障会计职能的发挥具有重要意义。

2. 原始凭证又称单据，是在经济业务发生或完成时取得或填制的，用以证明经济业务的发生，明确经济责任，并作为记账原始依据的一种会计凭证。原始凭证按其来源，可分为外来原始凭证和自制原始凭证两种。前者是在经济业务发生时从外单位取得的，如购货时取得的发票、付款时取得的收据等。后者是由本单位经办人员填制的，如货物验收入库的收货单、销售货物时的发货单等。原始凭证按其填制方法，还可分为一次凭证、累计凭证和汇总凭证。

3. 原始凭证填制的基本要求是必须完整填写凭证的名称及填制凭证的日期、填制凭证单位名称或者填制人姓名、经办人员签名或者盖章、接受凭证单位名称、经济业务内容等原始凭证的内容。

审核原始凭证要注意以下两点：

（1）审核原始凭证所记录的经济业务的合法性。这就是审核发生的经济业务是否符合国家的政策、法令、制度的规定，有无违反财经纪律等违法乱纪行为。

（2）审核原始凭证填写的内容是否符合规定的要求，如查明凭证所记录的经济业务是否符合实际情况、应填写的项目是否齐全、数字和文字是否正确、书写是否清楚、有关人员是否已签名盖章等。如有手续不完备或数字计算错误的凭证，应由经办人员补办手续或更正错误。

4. 填制记账凭证要求填列经济业务的内容摘要、应借或应贷的会计科目、金额、填制相关人员的签章、记账凭证的填制日期、凭证编号及所附原始凭证的张数等。

审核记账凭证要注意以下三个方面：

（1）记账凭证是否附有经审核无误的原始凭证，原始凭证记录的经济内容与数额是否同记账凭证相符。

（2）记账凭证上编制的会计分录是否正确，即应借、应贷的会计科目名称及业务内容是否符合会计制度的规定，科目对应关系是否清晰，金额是否正确等。

（3）记账凭证中的有关项目是否按要求正确地填写齐全，有关人员是否签名盖章等。

六、业务题

1. 编制通用记账凭证如表 8-1～表 8-15：

（1）

表 8-1　　　　　　　　　　　　　**通用记账凭证**　　　　　　　　　　单位：元

2015 年 5 月 1 日　　　　　　　　　　　　　　第 1 号

摘　要	会计科目		记账	借方金额	贷方金额
	总账科目	明细科目			
接受投资	银行存款	人民币		450 000	
	固定资产	设备		250 000	
	无形资产	土地使用权		300 000	
	实收资本				1 000 000
		甲			450 000
		乙			250 000
		丙			300 000
合计				1 000 000	1 000 000

　会计主管：李明　　　记账：张一　　　出纳：陈红　　　复核：王二　　　制证：周星

（2）

表 8-2　　　　　　　　　　　　　**通用记账凭证**　　　　　　　　　　单位：元

2015 年 5 月 2 日　　　　　　　　　　　　　　第 2 号

摘　要	会计科目		记账	借方金额	贷方金额
	总账科目	明细科目			
从银行取得借款	银行存款	人民币		500 000	
	长期借款	工商银行			500 000
合计				500 000	500 000

　会计主管：李明　　　记账：张一　　　出纳：陈红　　　复核：王二　　　制证：周星

（3）

表 8-3 　　　　　　　　　　　　　通用记账凭证 　　　　　　　　　　　单位：元

2015 年 5 月 3 日 　　　　　　　　　　　　第 3 号

摘　要	会计科目		记账	借方金额	贷方金额
	总账科目	明细科目			
购料已付款	原材料	甲材料		80 000	
	银行存款	人民币			80 000
合计				80 000	80 000

会计主管：李明　　　记账：张一　　出纳：陈红　　复核：王二　　　制证：周星

（4）

表 8-4 　　　　　　　　　　　　　通用记账凭证 　　　　　　　　　　　单位：元

2015 年 5 月 4 日 　　　　　　　　　　　　第 4 号

摘　要	会计科目		记账	借方金额	贷方金额
	总账科目	明细科目			
购料未付款	原材料	乙材料		150 000	
	应付账款	A 公司			150 000
合计				150 000	150 000

会计主管：李明　　　记账：张一　　出纳：　　复核：王二　　　制证：周星

（5）

表 8-5 　　　　　　　　　　　　　通用记账凭证 　　　　　　　　　　　单位：元

2015 年 5 月 5 日 　　　　　　　　　　　　第 5 号

摘　要	会计科目		记账	借方金额	贷方金额
	总账科目	明细科目			
取得借款	应付账款	A 公司		150 000	
	短期借款	中国银行			150 000
合计				150 000	150 000

会计主管：李明　　　记账：张一　　　出纳：　　复核：王二　　　制证：周星

（6）

表 8-6   **通用记账凭证**   单位：元

2015 年 5 月 6 日   第 6 号

摘 要	会计科目		记账	借方金额	贷方金额
	总账科目	明细科目			
生产产品领用材料	生产成本	A 产品		30 000	
	原材料	甲材料			30 000
合计				30 000	30 000

会计主管：李明   记账：张一   出纳：   复核：王二   制证：周星

（7）

表 8-7   **通用记账凭证**   单位：元

2015 年 5 月 7 日   第 7 号

摘 要	会计科目		记账	借方金额	贷方金额
	总账科目	明细科目			
提现备用	库存现金	人民币		40 000	
	银行存款	人民币			40 000
合计				40 000	40 000

会计主管：李明   记账：张一   出纳：陈红   复核：王二   制证：周星

（8）

表 8-8   **通用记账凭证**   单位：元

2015 年 5 月 8 日   第 8 号

摘 要	会计科目		记账	借方金额	贷方金额
	总账科目	明细科目			
购设备付款	固定资产	设备		220 000	
	银行存款	人民币			220 000
合计				220 000	220 000

会计主管：李明   记账：张一   出纳：陈红   复核：王二   制证：周星

（9）

表 8-9 　　　　　　　　　　　　　**通用记账凭证**　　　　　　　　　　　　单位：元

2015 年 5 月 9 日　　　　　　　　　　　第 9 号

摘　要	会计科目		记账	借方金额	贷方金额
	总账科目	明细科目			
宣告发放股利	利润分配	现金股利		250 000	
	应付股利				250 000
合计				250 000	250 000

会计主管：李明　　　　　记账：张一　　　　出纳：　　　　　复核：王二　　　　　制证：周星

（10）

表 8-10 　　　　　　　　　　　　　**通用记账凭证**　　　　　　　　　　　　单位：元

2015 年 5 月 10 日　　　　　　　　　　第 10 号

摘　要	会计科目		记账	借方金额	贷方金额
	总账科目	明细科目			
丙抽回投资	实收资本	丙		100 000	
	库存现金				100 000
合计				100 000	100 000

会计主管：李明　　　　　记账：张一　　　　出纳：陈红　　　　复核：王二　　　　　制证：周星

（11）

表 8-11 　　　　　　　　　　　　　**通用记账凭证**　　　　　　　　　　　　单位：元

2015 年 5 月 11 日　　　　　　　　　　第 11 号

摘　要	会计科目		记账	借方金额	贷方金额
	总账科目	明细科目			
偿还借款	短期借款			180 000	
	银行存款	人民币			180 000
合计				180 000	180 000

会计主管：李明　　　　　记账：张一　　　　出纳：陈红　　　　复核：王二　　　　　制证：周星

（12）

表 8-12　　　　　　　　　　　　　　**通用记账凭证**　　　　　　　　　　　　单位：元

2015 年 5 月 12 日　　　　　　　　　　　　第 12 号

摘　要	会计科目		记账	借方金额	贷方金额
	总账科目	明细科目			
借款转作投资	短期借款			200 000	
	实收资本	银行			200 000
合计				200 000	200 000

会计主管：李明　　　　记账：张一　　　　出纳：　　　　复核：王二　　　　制证：周星

（13）

表 8-13　　　　　　　　　　　　　　**通用记账凭证**　　　　　　　　　　　　单位：元

2015 年 5 月 13 日　　　　　　　　　　　　第 13 号

摘　要	会计科目		记账	借方金额	贷方金额
	总账科目	明细科目			
收到预收款	银行存款			400 000	
	预收账款	N 公司			400 000
合计				400 000	400 000

会计主管：李明　　　　记账：张一　　　　出纳：陈红　　　　复核：王二　　　　制证：周星

（14）

表 8-14　　　　　　　　　　　　　　**通用记账凭证**　　　　　　　　　　　　单位：元

2015 年 5 月 14 日　　　　　　　　　　　　第 14 号

摘　要	会计科目		记账	借方金额	贷方金额
	总账科目	明细科目			
以存款对外投资	长期股权投资	H 公司		80 000	
	银行存款	人民币			80 000
合计				80 000	80 000

会计主管：李明　　　　记账：张一　　　　出纳：陈红　　　　复核：王二　　　　制证：周星

（15）

表 8-15　　　　　　　　　　　通用记账凭证　　　　　　　　　　单位：元

2015 年 5 月 15 日　　　　　　　　　　　　第 15 号

摘　要	会计科目		记账	借方金额	贷方金额
	总账科目	明细科目			
分配股票股利	利润分配	未分配利润		100 000	
	实收资本				100 000
合计				100 000	100 000

会计主管：李明　　　记账：张一　　　出纳：　　　复核：王二　　　制证：周星

2. 编制专用记账凭证如表 8-16～表 8-31：

（1）

表 8-16　　　　　　　　　　　收款凭证　　　　　　　　　　单位：元

借方科目：银行存款　　　　　2015 年 5 月 1 日　　　　　银收第 1 号

摘　要	贷方科目		借方金额	贷方金额
	总账科目	明细科目		
收到投资存入银行	实收资本	甲	450 000	
合计			450 000	

会计主管：李明　　　记账：张一　　　出纳：陈红　　　复核：王二　　　制证：周星

（2）

表 8-17　　　　　　　　　　　转账凭证　　　　　　　　　　单位：元

2015 年 5 月 1 日　　　　　　　　　　　　转第 1 号

摘　要	会计科目		记账	借方金额	贷方金额
	总账科目	明细科目			
接收投资	固定资产	设备		250 000	
	无形资产	土地使用权		300 000	
	实收资本				550 000
		乙			250 000
		丙			300 000
合计				550 000	550 000

会计主管：李明　　　记账：张一　　　出纳：　　　复核：王二　　　制证：周星

（3）

表 8-18   收款凭证   单位：元

借方科目：银行存款   2015 年 5 月 2 日   银收第 2 号

摘　要	贷方科目		金额	记账
	总账科目	明细科目		
从银行取得长期借款	长期借款	工商银行	500 000	
合计			500 000	

会计主管：李明　　　　记账：张一　　　出纳：陈红　　　复核：王二　　　　制证：周星

（4）

表 8-19   付款凭证   单位：元

贷方科目：银行存款   2015 年 5 月 3 日   银付第 1 号

摘　要	借方科目		金额	记账
	总账科目	明细科目		
购料已付款	原材料	甲	80 000	
合计			80 000	

会计主管：李明　　　　记账：张一　　　出纳：陈红　　　复核：王二　　　　制证：周星

（5）

表 8-20   转账凭证   单位：元

2015 年 5 月 4 日   转 2 号

摘　要	会计科目		记账	借方金额	贷方金额
	总账科目	明细科目			
购料未付款	原材料	乙材料		150 000	
	应付账款	A 公司			150 000
合计				150 000	150 000

会计主管：李明　　　　记账：张一　　　出纳：　　　　　复核：王二　　　　制证：周星

（6）

表 8-21　　　　　　　　　　　　　转账凭证　　　　　　　　　　　　　单位：元

2015 年 5 月 5 日　　　　　　　　　　　　转第 3 号

摘　要	会计科目		记账	借方金额	贷方金额
	总账科目	明细科目			
取得借款	应付账款	A 公司		150 000	
	短期借款	中国银行			150 000
合计				150 000	150 000

会计主管：李明　　　　记账：张一　　　　出纳：　　　　复核：王二　　　　制证：周星

（7）

表 8-22　　　　　　　　　　　　　转账凭证　　　　　　　　　　　　　单位：元

2015 年 5 月 6 日　　　　　　　　　　　　转第 4 号

摘　要	会计科目		记账	借方金额	贷方金额
	总账科目	明细科目			
生产产品领用材料	生产成本	A 产品		30 000	
	原材料	甲材料			30 000
合计				30 000	30 000

会计主管：李明　　　　记账：张一　　　　出纳：　　　　复核：王二　　　　制证：周星

（8）

表 8-23　　　　　　　　　　　　　付款凭证　　　　　　　　　　　　　单位：元

贷方科目：银行存款　　　　　　　2015 年 5 月 7 日　　　　　　　　银付第 2 号

摘要	借方科目		金额	记账
	总账科目	明细科目		
从银行提现	库存现金	人民币	40 000	
合计			40 000	

会计主管：李明　　　　记账：张一　　　　出纳：陈红　　　　复核：王二　　　　制证：周星

（9）

表 8-24 　　　　　　　　　　　　　　付款凭证　　　　　　　　　　　　　　单位：元

贷方科目：银行存款　　　　　　　　　2015 年 5 月 8 日　　　　　　　　　　银付第 3 号

摘要	借方科目		金额	记账
	总账科目	明细科目		
购设备已付款	固定资产		220 000	
合计			220 000	

会计主管：李明　　　记账：张一　　　出纳：陈红　　　复核：王二　　　制证：周星

（10）

表 8-25 　　　　　　　　　　　　　　转账凭证　　　　　　　　　　　　　　单位：元

2015 年 5 月 9 日　　　　　　　　　　转第 5 号

摘　要	会计科目		记账	借方金额	贷方金额
	总账科目	明细科目			
宣告发放股利	利润分配	现金股利		250 000	
	应付股利				250 000
合计				250 000	250 000

会计主管：李明　　　记账：张一　　　出纳：　　　复核：王二　　　制证：周星

（11）

表 8-26 　　　　　　　　　　　　　　付款凭证　　　　　　　　　　　　　　单位：元

贷方科目：库存现金　　　　　　　　　2015 年 5 月 10 日　　　　　　　　　现付第 1 号

摘要	借方科目		金额	记账
	总账科目	明细科目		
退回投资者投入资本	实收资本	丙	100 000	
合计			100 000	

会计主管：李明　　　记账：张一　　　出纳：陈红　　　复核：王二　　　制证：周星

（12）

表 8-27   **付款凭证**   单位：元

贷方科目：银行存款   2015 年 5 月 11 日   银付第 4 号

摘要	借方科目		金额	记账
	总账科目	明细科目		
偿还银行短期借款	短期借款	工商银行	180 000	
合计			180 000	

会计主管：李明   记账：张一   出纳：陈红   复核：王二   制证：周星

（13）

表 8-28   **转账凭证**   单位：元

2015 年 5 月 12 日   转第 6 号

摘要	会计科目		记账	借方金额	贷方金额
	总账科目	明细科目			
借款转作投资	短期借款			200 000	
	实收资本	银行			200 000
合计				200 000	200 000

会计主管：李明   记账：张一   出纳：   复核：王二   制证：周星

（14）

表 8-29   **收款凭证**   单位：元

借方科目：银行存款   2015 年 5 月 13 日   银收第 3 号

摘要	贷方科目		金额	记账
	总账科目	明细科目		
收到预收款存入银行	预收账款	N 公司	400 000	
合计			400 000	

会计主管：李明   记账：张一   出纳：陈红   复核：王二   制证：周星

（15）

表 8-30　　　　　　　　　**付款凭证**　　　　　　　　　单位：元

贷方科目：银行存款　　　　　　2015 年 5 月 14 日　　　　　　银付第 5 号

摘要	借方科目		金额	记账
	总账科目	明细科目		
以银行存款对外投资	长期股权投资	H 公司	800 000	
合计			800 000	

会计主管：李明　　　　记账：张一　　　　出纳：陈红　　　　复核：王二　　　　制证：周星

（16）

表 8-31　　　　　　　　　**转账凭证**　　　　　　　　　单位：元

2015 年 5 月 15 日　　　　　　第 7 号

摘　要	会计科目		记账	借方金额	贷方金额
	总账科目	明细科目			
分配股票股利	利润分配	未分配利润		100 000	
	实收资本				100 000
合计				100 000	100 000

会计主管：李明　　　　记账：张一　　　　出纳：　　　　复核：王二　　　　制证：周星

第九章　会计账簿

学习重点及难点

一、会计账簿的概念及作用

会计账簿是由具有一定格式、互相联系的账页组成的，依据会计凭证序时或分类地记录和反映会计主体各项经济业务的簿籍。会计账簿是编制财务报表的重要依据。

会计账簿的作用具体表现在以下几个方面：

（1）会计账簿是系统、全面归纳、积累会计核算资料的基本形式。

（2）会计账簿是会计分析和会计检查的重要依据。

（3）会计账簿是定期编制财务报表的基础。

（4）会计账簿是划清特定范围经济责任的有效工具。

二、会计账簿的分类

会计账簿按用途不同，一般可分为序时账簿、分类账簿和备查账簿三种。

会计账簿按其外表形式不同，一般可分为订本式账簿、活页式账簿和卡片式账簿三种。

三、序时账簿的基本格式与登记

序时账簿又称日记账，可以用来连续记录企业全部（或部分）经济业务，即普通日记账，也可以用来连续记录企业某一类经济业务，即特种日记账。

序时账簿的基本格式是三栏式，即反映"借方""贷方""余额"。

序时账簿要逐日逐笔顺序登记。

四、分类账簿的格式

分类账簿分为总分类账簿和明细分类账簿。

总分类账簿的格式因采用的记账方法和会计核算组织程序的不同而不同。一般来说，总分类账簿的基本格式是借、贷、余三栏订本式账簿。

明细分类账簿的一般采用活页式会计账簿，有的也采用卡片式会计账簿，如固定资产明细账。其具体格式主要有以下三种：三栏式、数量金额栏式、多栏式。

五、会计账簿的登记规则

了解会计账簿启用与交接的规则，掌握会计账簿的登记规则和更正错账的方法。

更正错账的方法有以下三种：

（1）划线更正法。会计凭证记录无误，会计账簿的文字或数字记录有误时，应采用划线更正法。先将错误的文字或数字划一单红线注销，并在划线处加盖更正人的图章，以示负责。

（2）红字更正法。红字更正法又称赤字冲账法或红笔订正法。会计凭证上的分录有错误，并且引起登簿有误时，应采用红字更正法。先填制一张与错误凭证完全相同的红字记账凭证并登簿，冲销原记录，然后编制一张正确的会计凭证并登簿。

（3）补充登记法。会计凭证中的借贷方向和会计科目无误，只是实记金额小于应记金额，同时引起登记账簿金额少记，应采用补充登记法。编制一张少记的差额会计凭证并登簿，补充完整。

练习题

一、单项选择题

1. 按照经济业务发生的时间先后顺序逐日逐笔连续登记的账簿是（　　）。

  A. 明细分类账　　　　　　　　　B. 备查账

  C. 总分类账　　　　　　　　　　D. 日记账

2. 用于分类记录单位的全部交易或事项，提供总括核算资料的账簿是（　　）。

  A. 日记账　　　　　　　　　　　B. 明细分类账

  C. 总分类账　　　　　　　　　　D. 备查账

3. 债权债务明细分类账一般采用（　　）。

  A. 多栏式账簿　　　　　　　　　B. 数量金额式账簿

  C. 三栏式账簿　　　　　　　　　D. 以上三种都可以

4. 收入、费用明细分类账一般采用（　　）。

  A. 多栏式账簿　　　　　　　　　B. 两栏式账簿

  C. 三栏式账簿　　　　　　　　　D. 数量金额式账簿

5. 下列各项中，应设置备查账簿进行登记的是（　　）。

  A. 经营性租入的固定资产　　　　B. 经营性租出的固定资产

  C. 无形资产　　　　　　　　　　D. 资本公积

6. 下列明细分类账中，应采用数量金额式账簿的是（　　）。

  A. 应收账款明细账　　　　　　　B. 产成品明细账

  C. 应付账款明细账　　　　　　　D. 管理费用明细账

7. 下列账簿中，必须采用订本式账簿的是（　　）。

    A. 备查账   B. 总账

    C. 明细分类账   D. 库存现金和银行存款日记账

8. 下列账簿中，可以采用卡片式账簿的是（　　）。

    A. 固定资产总账   B. 固定资产明细账

    C. 日记总账   D. 日记账

9. 下列明细分类账中，可以采用三栏式账页格式的是（　　）。

    A. 管理费用明细账   B. 原材料明细账

    C. 物资采购明细账   D. 应交税金明细账

10. 下列明细分类账中，应采用多栏式账页格式的是（　　）。

    A. 生产明细账   B. 原材料明细账

    B. 其他应收款明细账   D. 应交税金

11. 下列账簿中，一般情况下不需根据记账凭证登记的账簿是（　　）。

    A. 日记账   B. 总分类账

    C. 备查账   D. 明细分类账

12. 下列账簿中，属于联合账簿的是（　　）。

    A. 日记总账   B. 多栏式银行存款日记账

    C. 辅助账簿   D. 备查账簿

13. 下列明细账中，不宜采用三栏式账页格式的是（　　）。

    A. 应收账款明细账   B. 应付账款明细账

    C. 管理费用明细账   D. 短期借款明细账

14. 库存现金日记账和银行存款日记账应当（　　）。

    A. 定期登记   B. 逐日逐笔登记

    C. 汇总登记   D. 合并登记

15. 记账人员根据记账凭证登记完毕账簿后，要在记账凭证上注明已记账的符号，主要是为了（　　）。

    A. 便于明确记账责任   B. 避免错行或隔页

    C. 避免重记或漏记   D. 防止凭证丢失

16. 下列账簿中，要求必须逐日结出余额的是（　　）。

    A. 库存现金日记账和银行存款日记账

    B. 债权债务明细账

    C. 财产物资明细账

    D. 总账

17. 库存现金日记账和银行存款日记账，每一账页登记完毕结转下页时，结计"过次页"的本页合计数应当为（　　）的发生额合计数。

A. 本页　　　　　　　　　　B. 自本月初起至本页末止

C. 本月　　　　　　　　　　D. 自本年初起至本页末止

18. 下列记账错误中，适合用"除2法"进行查找的是（　　）。

A. 数字顺序错位　　　　　　B. 相邻数字颠倒

C. 记反账　　　　　　　　　D. 漏记或重记

19. 某企业用现金支付职工报销医药费35元，会计人员编制的付款凭证为借记"应付职工薪酬"53元，贷记"库存现金"53元，并已登记入账。当年发现记账错误，更正时应采用的更正方法是（　　）。

A. 划线更正法　　　　　　　B. 红字更正法

C. 补充登记法　　　　　　　D. 重编正确的付款凭证

20. 记账凭证填制正确，记账时文字或数字发生笔误引起的错误，应采用（　　）进行更正。

A. 划线更正法　　　　　　　B. 重新登记法

C. 红字更正法　　　　　　　D. 补充登记法

21. 某企业通过银行收回应收账款8 000元，在填制记账凭证时，误将金额记为6 000元，并已登记入账。当年发现记账错误，更正时应采用的更正方法是（　　）。

A. 重编正确的收款凭证　　　B. 划线更正法

C. 红字更正法　　　　　　　D. 补充登记法

22. 企业材料总账余额与材料明细账的余额进行核对属于（　　）。

A. 账证核对　　　　　　　　B. 账账核对

C. 账表核对　　　　　　　　D. 账实核对

23. 红字更正法的主要优点是（　　）。

A. 清晰明了　　　　　　　　B. 避免账户的借贷发生额虚增

C. 减少更正错账的手续　　　D. 节省工作时间

24. 记账人员记账后发现某笔数字多记了36，他用"除9法"查出是将相邻数记颠倒了，则下列数字中，记错的数字可能是（　　）。

A. 85　　　　B. 46　　　　C. 73　　　　D. 27

25. 记账人员在登记账簿后，发现所依据的记账凭证中使用的会计科目有误，则更正时应采用的更正方法是（　　）。

A. 涂改更正法　　　　　　　B. 划线更正法

C. 红字更正法　　　　　　　D. 补充登记法

26. 企业结账时（　　）。

A. 一定要原始凭证　　　　　B. 不需要原始凭证

C. 可以要，也可以不要原始凭证　　D. 以上说法都不对

27. 下列账簿中不可以采用活页式账簿的是（　　）。

A. 库存现金日记账　　　　　　　B. 固定资产明细账

C. 产成品明细账　　　　　　　　D. 原材料总账

28. 日记账的最大特点是（　　）。

A. 按库存现金和银行存款设置账户

B. 可以提供库存现金和银行存款的每日发生额

C. 随时逐笔顺序登记库存现金和银行存款的发生额并逐日结出余额

D. 主要提供库存现金和银行存款的每日余额

29. （　　）的目的是为了账簿记录的真实、可靠、正确、完整。

A. 过账　　　　　　　　　　　　B. 结账

C. 转账　　　　　　　　　　　　D. 对账

30. 登记账簿的依据是（　　）。

A. 原始凭证　　　　　　　　　　B. 经济合同

C. 记账凭证　　　　　　　　　　D. 会计报表

二、多项选择题

1. 会计账簿按用途不同，可分为（　　）。

A. 日记账　　　　　　　　　　　B. 分类账

C. 备查账　　　　　　　　　　　D. 总账

2. 会计账簿按外形特征不同，可分为（　　）。

A. 多栏式账簿　　　　　　　　　B. 订本式账簿

C. 活页式账簿　　　　　　　　　D. 卡片式账簿

3. 关于会计账簿的意义，下列说法正确的是（　　）。

A. 通过账簿的设置和登记，记载、储存会计信息

B. 通过账簿的设置和登记，分类、汇总会计信息

C. 通过账簿的设置和登记，检查、校正会计信息

D. 通过账簿的设置和登记，编报、输出会计信息

4. 下列账簿中，可采用三栏式的明细账有（　　）。

A. 应收账款明细账　　　　　　　B. 预付费用明细账

C. 管理费用明细账　　　　　　　D. 应付账款明细账

5. 下列账簿中，应采用多栏式账簿的有（　　）。

A. 管理费用明细账　　　　　　　B. 生产成本明细账

C. 应收账款明细账　　　　　　　D. 其他应收款——备用金明细账

6. 下列账簿中，应采用数量金额式账簿的有（　　）。

A. 应收账款明细账　　　　　　　B. 原材料明细账

C. 库存商品明细账　　　　　　　D. 固定资产明细账

7. 记账错误主要表现为漏记、重记和错记三种。错记又表现为(   )等。

 A. 会计科目错记   B. 金额错记

 C. 记账方向错记   D. 以上三个全对

8. 常用的错账查找方法有 (   )。

 A. 顺查法   B. 抽查法

 C. 逆查法   D. 偶合查法

9. 下列错账中，适用于"除9法"查找的有 (   )。

 A. 发生角、分的差错   B. 将 30 000 元写成 3 000 元

 C. 将 400 元写成 4 000 元   D. 将 76 000 元写成 67 000 元

10. 下列错账更正方法中，可用于更正因记账凭证错误而导致账簿记录错误的方法有 (   )。

 A. 划线更正法   B. 差数核对法

 C. 红字更正法   D. 补充登记法

11. 下列对账工作中，属于账账核对的有 (   )。

 A. 银行存款日记账与银行对账单的核对

 B. 总账账户与所属明细账账户的核对

 C. 应收款项明细账与债务人账项的核对

 D. 会计部门的财产物资明细账与财产物资保管、使用部门明细账的核对

12. 账实核对的主要内容包括 (   )。

 A. 库存现金日记账账面余额与库存现金实际库存数核对

 B. 固定资产明细账的固定资产数与固定资产实物核对

 C. 财产物资明细账账面结存数与财产物资实存数核对

 D. 原材料总账账面余额与原材料明细账账面余额核对

13. 关于结账，以下说法正确的有 (   )。

 A. 总账账户应按月结出本月发生额和月末余额

 B. 库存现金日记账应按月结出本月发生额和月末余额

 C. 应收账款明细账应在每次记账后随时结出余额

 D. 年终应将所有总账账户结计全年发生额和年末余额

14. 下列账簿中，可以跨年度连续使用的有 (   )。

 A. 主营业务收入明细账   B. 应付账款明细账

 C. 固定资产卡片账   D. 租入固定资产登记簿

15. 活页账的主要优点有 (   )。

 A. 可以根据实际需要随时插入空白账页

 B. 可以防止账页散失

 C. 可以防止记账错误

D. 便于分工记账

16. 企业会计实务中，采用订本式的账簿有（　　）。

A. 固定资产总账　　　　　　　　B. 固定资产明细账

C. 现金日记账　　　　　　　　　D. 原材料总账

17. 在账务处理中，可用红色墨水的情况有（　　）。

A. 过次页账　　　　　　　　　　B. 冲账

C. 账簿期末结账划线　　　　　　D. 结账分录

18. 下列各账户中，需要在年末将余额过入下一年开设的新账中的是（　　）。

A. 管理费用　　　　　　　　　　B. 银行存款

C. 固定资产　　　　　　　　　　D. 生产成本

19. 账簿按用途不同可分为（　　）。

A. 序时账簿　　　　　　　　　　B. 订本式账簿

C. 分类账簿　　　　　　　　　　D. 备查账簿

20. 下列符合登记账簿要求的有（　　）。

A. 可以用圆珠笔记账　　　　　　B. 应按页逐行登记，不得隔页跳行

C. 日记账要逐笔逐日登记　　　　D. 所有账簿都应逐笔逐日登记

三、判断题

1. 会计账簿的记录是编制会计报表的前提和依据，也是检查、分析和控制单位经济活动的重要依据。（　　）

2. 各单位不得违反《中华人民共和国会计法》和国家统一的会计制度的规定私设会计账簿。（　　）

3. 活页式账簿便于账页的重新排列和记账人员的分工，但账页容易散失和被随意抽换。（　　）

4. 多栏式账簿主要适用于既需要记录金额，又需要记录实物数量的财产物资明细账户。（　　）

5. 日记账应逐日逐笔顺序登记，总账可以逐笔登记，也可以汇总登记。（　　）

6. 登记现金日记账的依据是现金收付款凭证和银行收付款凭证。（　　）

7. 现金收付业务较少的单位，不必单独设置现金日记账，可用银行对账单或其他方法代替现金日记账，以简化核算。（　　）

8. 在物资采购明细账中，如果同一行内借方、贷方均有记录，则说明该项交易已处理完毕，采购的物资已验收入库。（　　）

9. 一般情况下，总账都需要采用订本式账簿，以保证总账记录的安全和完整。（　　）

10. 会计账簿登记中，如果不慎发生隔页，应立即将空页撕掉，并更改页码。（　　）

11. 原材料明细账的每一账页登记完毕结转下页时，可以只将每页末的余额结转次页，不必将本页的发生额结转次页。　　　　　　　　　　　　　　（　　）

12. 记账时，如果整张的记账凭证漏记或重记，就不能采用偶合法查找，只能采用顺查法或逆查法逐笔查找。　　　　　　　　　　　　　　　　　（　　）

13. 如果发现以前年度记账凭证中会计科目和金额有错误并已导致账簿记录出现差错，也可以采用红字更正法予以更正。　　　　　　　　　　　　　（　　）

14. 记账凭证正确，因登记时的笔误而引起的账簿记录错误，可以采用划线更正法予以更正。　　　　　　　　　　　　　　　　　　　　　　　（　　）

15. 根据具体情况，会计人员可以使用铅笔、圆珠笔、钢笔、蓝黑墨水或红色墨水填制会计凭证，登记账簿。　　　　　　　　　　　　　　　　　　（　　）

16. 在期末结账前发现账簿记录中文字出现错误，可以用红字更正法更正。（　　）

17. 对账，就是核对账目，即对各种会计账簿之间相对应的记录进行核对。（　　）

18. 总账账户平时只需结计月末余额，不需结计本月发生额。　　　　　（　　）

19. 年终结账时有余额的账户，其余额结转下年的方法是：将余额直接记入下一会计年度新建会计账簿同一账户的第一行余额栏内，并在摘要栏注明"上年结转"字样。
　　　　　　　　　　　　　　　　　　　　　　　　　　　　　　（　　）

20. 企业年度结账后，更换下来的账簿，可暂由本单位财务会计部门保管一年。期满后，原则上应由财会部门移交本单位档案部门保管。　　　　　　　（　　）

21. 已归档的会计账簿原则上不得借出，有特殊需要的经批准后可以提供复印件。
　　　　　　　　　　　　　　　　　　　　　　　　　　　　　　（　　）

22. 为了明确划分各会计年度的界限，年度终了各种会计账簿都应更换新账。
　　　　　　　　　　　　　　　　　　　　　　　　　　　　　　（　　）

23. 任何单位，对账工作至少一年进行一次。　　　　　　　　　　　（　　）

24. 在每个会计期间可多次登记账簿，但结账一般只能进行一次年终结账。（　　）

25. 如果发现记账凭证上应记科目和金额错误，并已登记入账，则可将填错的记账凭证销毁，并另填一张正确的记账凭证，据以入账。　　　　　　　　（　　）

26. 现金日记账必须采用订本式账簿。　　　　　　　　　　　　　　（　　）

27. 由于记账凭证错误而导致账簿记录错误，应采用划线更正法进行更正（　　）。

28. 如果发现记账凭证上应记科目和金额错误，还未登记入账，则可将填错的记账凭证销毁，并另填一张正确的记账凭证，据以入账。　　　　　　　　（　　）

29. 已归档的会计账簿原则上不得借出，有特殊需要的经单位领导批准后可以出借，但应尽快归还。　　　　　　　　　　　　　　　　　　　　　　（　　）

30. 账簿按外表形式不同可分为序时账簿、分类账簿和备查账簿。　　（　　）

四、名词解释

会计账簿　　序时账簿　　分类账簿　　备查账簿

五、简答题

1. 什么是会计账簿？为什么要设置与登记会计账簿？

2. 设置会计账簿应遵循哪些主要原则？

3. 更正错账的方法有哪几种？其适用范围分别是什么？

六、业务题

新华公司 2015 年 6 月结账之前发现如下错误：

(1) 生产 A 产品领用材料 98 000 元。原账务处理为：

借：生产成本　　　　　　　　　　　　　　　　　　　　　　98 000

　　贷：原材料　　　　　　　　　　　　　　　　　　　　　　98 000

但"生产成本"总账有关此笔记录错记为 89 000 元。

(2) 生产车间因维修设备领用材料 40 000 元。原账务处理为：

借：制造费用　　　　　　　　　　　　　　　　　　　　　　4 000

　　贷：原材料　　　　　　　　　　　　　　　　　　　　　　4 000

(3) 本月以现金支票购买办公用品 10 000 元，管理部门直接领用。原账务处理为：

借：管理费用　　　　　　　　　　　　　　　　　　　　　　10 000

　　贷：库存现金　　　　　　　　　　　　　　　　　　　　　10 000

(4) 通过银行收到 M 公司前欠货款 5 000 元。原账务处理为：

借：银行存款　　　　　　　　　　　　　　　　　　　　　　50 000

　　贷：应收账款　　　　　　　　　　　　　　　　　　　　　50 000

要求：根据资料指出更正方法，如何更正。

参 考 答 案

一、单项选择题

1. D　2. C　3. D　4. A　5. A　6. B　7. D　8. B　9. D　10. A　11. C　12. A
13. C　14. B　15. C　16. A　17. B　18. C　19. B　20. A　21. D　22. B　23. B
24. C　25. C　26. B　27. A　28. C　29. D　30. C

二、多项选择题

1. ABC　2. BCD　3. ABCD　4. ABD　5. AD　6. BC　7. ABCD　8. ABCD　9. BCD
10. CD　11. ABCD　12. ABC　13. ABCD　14. BCD　15. AD　16. ACD　17. BC
18. BCD　19. ACD　20. BC

三、判断题

1. √　2. √　3. √　4. ×　5. √　6. ×　7. ×　8. √　9. √　10. ×　11. √
12. √　13. ×　14. √　15. ×　16. ×　17. ×　18. √　19. √　20. √　21. ×
22. ×　23. √　24. √　25. ×　26. √　27. ×　28. √　29. ×　30. ×

四、名词解释

会计账簿是由具有一定格式、相互联系的账页所组成的，依据会计凭证序时地、分类地记录和反映会计主体各项经济业务的簿籍。

序时账簿通常又称为日记账，是按照经济业务发生的时间先后顺序，逐日、逐笔连续记录经济业务的会计账簿。

分类账簿是对全部经济业务按其性质进行分类登记的账簿。分类账簿又可分为总分类账簿和明细分类账簿。

备查账簿是对某些在序时账簿和分类账簿中未能记载或记载不全的经济业务，进行补充登记的辅助会计账簿。

五、简答题

1. 会计账簿是由具有一定格式、相互联系的账页所组成的，依据会计凭证序时地、分类地记录和反映会计主体各项经济业务的簿籍。登记会计账簿是会计核算的一种专门方法，与会计凭证的填制和审核工作紧密衔接。只有借助于会计凭证和会计账簿这两种工具，账户和复式记账法才能实现它们的作用。会计账簿的作用具体表现在以下几个方面：

（1）会计账簿能提供系统完整的会计信息。

（2）会计账簿是会计分析和会计检查的重要依据。

（3）会计账簿是定期编制财务报表的基础。

（4）会计账簿是重要的经济档案。

2. 设置账簿应当遵循下列三项原则：

（1）账簿的设置要能保证全面、系统地反映和监督各单位的经济活动情况，为经营管理提供系统、分类的核算资料。

（2）设置账簿要在满足实际需要的前提下，考虑人力和物力的节约，力求避免重复设账。

（3）账簿的格式，要按照所记录的经济业务的内容和需要提供的核算指标进行设计，要力求简便实用，避免繁琐重复。

3. 更正错账的方法通常有三种：划线更正法、红字更正法和补充登记法。一般应根据错误的性质和具体情况选用不同的方法更正。

划线更正法适用于在结账前发现记账凭证正确,纯粹属于登账过程中产生的差错导致的错账。划线更正法仅适用于手工记账系统,采用电子计算机进行账务处理不能采用这种方法。

红字更正法又称红字冲销法。它适用于下列原因导致的错账:

(1) 记账凭证中账户对应关系错误引起的登记账簿错误。

(2) 记账凭证中账户对应关系正确,只是金额多记引起登记账簿错误。

补充登记法适用于记账凭证中账户对应关系正确,但实记金额小于应记金额(即少记金额)引起登记账簿错误。

六、业务题

(1) 该错误有关会计分录正确,只是在登记"生产成本"账簿时,将"98 000"记为了"89 000",应采用划线更正法。将账簿登记的"89 000"划一横线,并在该数字上写上正确的数字"98 000"。

(2) 会计分录的方向和科目正确,应记金额大于实记金额,少记 36 000 元,应采用补充登记法更正。补充编制一张少记金额 36 000 元的记账凭证,并登记账簿:

借:制造费用   36 000
 贷:原材料   36 000

制造费用		原材料	
原记录 4 000			4 000 原记录
36 000			36 000

(3) 会计分录中的科目错误,并导致登记账簿也有错误。贷方科目应记入"银行存款"而不是"库存现金"。应采用红字冲账法更正。

先用红字编制一笔同样错误的会计凭证并登记账簿:

借:管理费用   (10 000)
 贷:库存现金   (10 000)

管理费用		库存现金	
原记录 10 000			10 000 原记录
-10 000			-10 000

再用蓝字编制一笔正确的会计凭证并登记账簿:

借：管理费用　　　　　　　　　　　　　　　　　　　　　　10 000
　　贷：银行存款　　　　　　　　　　　　　　　　　　　　　　　10 000

管理费用		银行存款	
10 000		10 000	

（4）此错误属于会计分录中的金额多计，并导致登记账簿也有错误。这种错误需要用红字冲账法更正。有两种更正方法：一是用红字冲掉原记录，再编制正确的会计凭证；二是只用红字冲掉多记的部分。

第一种更正方法：

先用红字编制一笔同样错误的会计分录并登记账簿：

借：银行存款　　　　　　　　　　　　　　　　　　　　　（50 000）
　　贷：应收账款　　　　　　　　　　　　　　　　　　　　　　（50 000）

再用蓝字编制一笔正确的会计凭证并登记入账：

借：银行存款　　　　　　　　　　　　　　　　　　　　　5 000
　　贷：应收账款　　　　　　　　　　　　　　　　　　　　　　5 000

银行存款		应收账款	
原记录 50 000			50 000 原记录
-50 000			-50 000
5 000			5 000

第二种更正方法：

用红字编制一张记账凭证冲掉多记的部分，并登记账簿：

借：银行存款　　　　　　　　　　　　　　　　　　　　　（45 000）
　　贷：应收账款　　　　　　　　　　　　　　　　　　　　　　（45 000）

银行存款		应收账款	
50 000		50 000	
-45 000		-45 000	

第十章 财产清查

学习重点及难点

一、财产清算的概念及作用

财产清查也叫财产检查，是指通过对货币资金、存货、固定资产、债权债务、票据等的盘点或核对，查明其实有数与账存数是否相符的一种会计核算专门方法。

财产清查的作用主要表现在以下三个方面：

（1）通过财产清查，保证会计资料的真实可靠。

（2）防止企业资产流失，减少损失，降低成本，促进企业经济效益的提高。

（3）促使保管人员增强责任感，健全财产物资的管理制度。

二、财产清查的种类和内容

财产清查按清查对象和范围，可以分为全面清查和局部清查两种。

财产清查按财产清查的时间，可以分为定期清查和临时清查两种。

财产清查按财产清查的执行单位，可以分为内部清查和外部清查两种。

财产清查的主要内容包括货币资金清查、存货清查、固定资产清查等。

三、财产清查的基本方法

现金清查可以是定期进行，也可以是不定期进行。现金清查主要是对出纳人员的库存现金与银行存款日记账的余额进行核对。

银行存款清查主要通过编制"银行存款余额调节表"进行清查。

存货的清查方法主要有实地盘点法和技术推算法。通过实地盘点确定存货的实存数额，与其账面余额核对。

四、财产清查结果的账务处理

通过设置"待处理财产损溢"账户进行核算，查明原因后，按规定记入相关会计账户。

练习题

一、单项选择题

1. 对各项财产的增减变化，根据会计凭证连续记载并随时结出余额的制度是（　　）。

  A. 实地盘存制   B. 应收应付制

  C. 永续盘存制   D. 现金制

2. 对于财产清查中所发现的财产物资盘盈、盘亏和毁损，财会部门进行账务处理依据的原始凭证是（　　）。

  A. 银行存款余额调节表   B. 实存账存对比表

  C. 盘存单   D. 入库单

3. 下列凭证中，不可以作为记账原始依据的是（　　）。

  A. 发货票   B. 银行存款余额调节表

  C. 收料单   D. 差旅费报销单

4. 银行存款的清查一般采用的方法是（　　）。

  A. 抽查盘点   B. 技术推算

  C. 核对账目   D. 实地盘点

5. "待处理财产损溢"账户属于（　　）账户。

  A. 损益类   B. 资产类

  C. 成本类   D. 所有者权益类

6. 某企业期末银行存款日记账余额为 80 000 元，银行送来的对账单余额为 82 425 元，经对未达账项调节后的余额为 83 925 元，则该企业在银行的实有存款是（　　）元。

  A. 82 425   B. 80 000

  C. 83 925   D. 24 250

7. 在记账无误的情况下，银行对账单与银行存款日记账账面余额不一致的原因是（　　）。

  A. 存在应付账款   B. 存在应收账款

  C. 存在外埠存款   D. 存在未达账项

8. 下列项目的清查应采用向有关单位发函询证核对账目的方法是（　　）。

  A. 固定资产   B. 应收账款

  C. 股本   D. 长期投资

9. 下列财产物资中，可以采用技术推算法进行清查的是（　　）。

  A. 应付账款   B. 固定资产

    C. 大宗物资   D. 应收账款

10. 下列情况中，适合采用局部清查的方法进行财产清查的是（   ）。

    A. 年终决算时   B. 进行清产核资时

    C. 企业合并时   D. 现金和银行存款的清查

11. 对现金清查要采用的方法是（   ）。

    A. 查询核对法   B. 抽查检验法

    C. 实地盘点法   D. 技术推算法

12. 某企业遭受洪灾，对期间受损的财产物资进行的清查，属于（   ）。

    A. 局部清查和不定期清查   B. 全面清查和定期清查

    C. 局部清查和定期清查   D. 全面清查和不定期清查

13. 某企业上期盘亏的材料已查明原因，属于自然损耗，此时应编制的会计分录是
（   ）。

    A. 借：待处理财产损溢   B. 借：原材料

       贷：原材料   贷：待处理财产损溢

    C. 借：管理费用   D. 借：营业外支出

       贷：待处理财产损溢   贷：待处理财产损溢

14. 当单位撤销、合并或改变隶属关系时应采用（   ）。

    A. 全面清查   B. 局部清查

    C. 定期清查   D. 实地清查

15. "待处理财产损溢"账户的贷方登记（   ）。

    A. 发生的待处理财产盘亏   B. 批准处理的待处理财产盘盈

    C. 发生的待处理财产毁损   D. 批准处理的待处理财产盘亏

16. 采用永续盘存制，平时对财产物资账簿的登记方法应该是（   ）。

    A. 只登记增加，不登记减少   B. 只登记增加，随时倒挤算出减少

    C. 既登记增加，又登记减少   D. 只登记减少，不登记增加

17. 清查中财产盘亏是由于保管人员的责任造成的，应计入（   ）。

    A. 营业外支出   B. 管理费用

    C. 其他应收款   D. 生产成本

18. 清查中财产盘亏是由于自然灾害造成的，应计入（   ）。

    A. 营业外支出   B. 管理费用

    C. 其他应收款   D. 生产成本

19. 清查中发现原材料盘亏是由于计量不准造成的，应计入（   ）。

    A. 营业外支出   B. 管理费用

    C. 其他应收款   D. 生产成本

20. 下列业务发生不需要通过"待处理财产损溢"账户核算的是（   ）。

A. 盘盈固定资产　　　　　　　　B. 盘亏原材料

C. 报废固定资产　　　　　　　　D. 盘亏库存商品

二、多项选择题

1. 下列情况中，需要进行全面财产清查的有（　　　）。

A. 清产核资　　　　　　　　　　B. 年终决算之前

C. 单位撤销、合并　　　　　　　D. 资产重组或改变隶属关系

2. 下列可作为原始凭证，据以调整账簿记录的有（　　　）。

A. 现金盘点报告表　　　　　　　B. 银行存款余额调节表

C. 存货盘存单　　　　　　　　　D. 实存账存对比表

3. 财产清查中查明的各种流动资产盘亏或毁损数，根据不同的原因，报经批准后可能列入的账户有（　　　）。

A. 管理费用　　　　　　　　　　B. 营业外支出

C. 营业外收入　　　　　　　　　D. 其他应收款

4. 实物财产清查常用的方法有（　　　）。

A. 实地盘点法　　　　　　　　　B. 抽查盘点法

C. 技术推算盘点法　　　　　　　D. 核对账目法

5. 不定期清查一般是在（　　　）时进行。

A. 季末结账　　　　　　　　　　B. 月末结账

C. 更换财产物资保管人员　　　　D. 发生非常损失

6. 财产清查按清查时间可分为（　　　）。

A. 定期清查　　　　　　　　　　B. 全面清查

C. 不定期清查　　　　　　　　　D. 局部清查

7. 财产清查按清查的范围可分为（　　　）。

A. 定期清查　　　　　　　　　　B. 全面清查

C. 不定期清查　　　　　　　　　D. 局部清查

8. 下列各项中，应采用实地盘点法进行清查的有（　　　）。

A. 固定资产　　　　　　　　　　B. 库存商品

C. 银行存款　　　　　　　　　　D. 库存现金

9. 企业财产物资的盘存制度有（　　　）。

A. 实地盘存制　　　　　　　　　B. 收付实现制

C. 永续盘存制　　　　　　　　　D. 应收应付制

10. 企业未达账项有（　　　）。

A. 企业已收、银行未收　　　　　B. 企业已付、银行未付

C. 银行已收、企业未收　　　　　D. 银行已付、企业未付

11. 正确合理地组织财产清查的意义在于（　　）。

　　A. 挖掘财产物资潜力，加速资金周转

　　B. 保护企业财产的安全、完整

　　C. 保证会计信息的真实、可靠

　　D. 健全各项财产管理制度，提高管理水平

12. "待处理财产损溢"账户的借方反映（　　）。

　　A. 发生的待处理财产损失　　　　B. 批准处理的待处理财产损失

　　C. 发生的待处理财产盘盈　　　　D. 批准处理的待处理财产盘盈

13. 造成账实不符的原因有（　　）。

　　A. 财产物资的自然损耗　　　　　B. 财产物资收发的计量错误

　　C. 财产物资的毁损　　　　　　　D. 账簿的漏记、重记

14. 永续盘存制的主要优点有（　　）。

　　A. 既记录财产物资的增加，又记录财产物资的减少

　　B. 能随时结出账面余额

　　C. 便于加强企业财产物资的管理

　　D. 只记录增加，不记录减少

15. 实地盘存制的不足有（　　）。

　　A. 不便于加强存货的管理

　　B. 不能随时结出账户的账面余额

　　C. 核算工作比较复杂

　　D. 不适用于大宗材料的管理

三、判断题

1. 一般情况下，全面清查是定期清查，局部清查是不定期清查。　　　　　（　　）

2. 银行存款日记账与银行对账单余额不一致，主要是由于记账错误和未达账项造成的。　　　　　　　　　　　　　　　　　　　　　　　　　　　　　　　　　　　（　　）

3. 对于未达账项应编制银行存款余额调节表进行调节，同时将未达账项编制记账凭证登记入账。　　　　　　　　　　　　　　　　　　　　　　　　　　　　　　　　（　　）

4. 对于财产清查结果的账务处理一般分两步进行，即审批前先调整有关账面记录，审批后转入有关账户。　　　　　　　　　　　　　　　　　　　　　　　　　　　（　　）

5. 企业在银行的实有存款应是银行对账单上列明的余额。　　　　　　　（　　）

6. "待处理财产损溢"账户是损益类账户。　　　　　　　　　　　　　　（　　）

7. 财产清查就是对各种实物财产进行的清查盘点，不对往来款项进行清查。

　　　　　　　　　　　　　　　　　　　　　　　　　　　　　　　　　　　　　（　　）

8. 现金和银行存款的清查均应采用实地盘点的方法进行。　　　　　　　（　　）

9. 未达账项只指银行已经记账、企业尚未接到有关凭证而尚未记账的款项。

（　　）

10. 清查盘点现金时，出纳员必须在现场。（　　）

11. 对实物财产清查时，主要清查数量，同时也要检验质量。（　　）

12. 财产清查结果的处理即账务处理。（　　）

13. 现金清查结束后，应填写"现金盘点报告表"，并由盘点人和出纳人员签名或盖章。（　　）

14. "银行存款余额调节表"不能作为调整银行存款账面余额的原始凭证。（　　）

15. 实物财产的"盘点报告表"可以作为记账和登记账簿的原始凭证。（　　）

16. 财产清查是通过对货币资金、财产物资和往来款项的盘点或核对，确定其实存数，查明账存数与实存数或往来账是否相符的一种专门方法。（　　）

17. 企业的未达账项只存在于企业与银行，企业与企业之间不存在未达账项。

（　　）

18. 财产清查只清查实物性质的财产，不清查货币性资产。（　　）

19. 通过财产清查，可以正确确定各项财产物资的实存数额，发现财产物资管理过程中存在的问题。（　　）

20. 在某一时点上，企业的"银行存款"余额与银行对账单的余额不相等是正常的，并不一定存在错误。（　　）

四、名词解释

财产清查　永续盘存制　实地盘存制　未达账项

五、简答题

1. 财产清查的意义有哪些？

2. 未达账项有哪些？

3. 实地盘存制与永续盘存制的主要区别是什么？各有什么优缺点？其适用范围如何？

六、业务题

1. 华南公司 2015 年 10 月份对固定资产进行清查时发现如下情况：

（1）盘亏机器一台，账面价值 50 000 元，已提折旧 20 000 元，经批准按营业外支出处理。

（2）盘盈机器一台，估计重置价值 80 000 元，估计还有七成新，经批准作为营业外收入处理。

（3）仓库盘亏产成品一批，账面价值 40 000 元，原因待查。

（4）仓库盘盈材料 500 千克，该种材料的单位成本为 18 元，原因待查。

（5）批准处理的意见是：盘盈机器记入"营业外收入"，盘亏的设备记入"营业外支出"，盘盈材料冲减"管理费用"，盘亏的产成品由管理人员赔偿 20%，其余记入"管理费用"。

2. M 公司 2015 年 10 月最后三天银行存款日记账与银行对账单的记录如下（假定以前的记录是相符的）：银行存款对账单的余额为 94 690 元，企业"银行存款"账户余额为 90 590 元。经核对，发现有如下未达账项：

（1）银行收到企业委托银行代收山东泰利厂的货款 7 500 元，企业还未收到收款通知。

（2）银行代企业支付了本月水电费 6 700 元，企业尚未收到付款通知。

（3）企业销售一批商品，货款 10 300 元，收到转账支票一张，该支票还未送到银行。

（4）企业开出现金支票一张给周明作为差旅费借支 5 400 元。

要求：查明未达账项后，编制银行存款余额调节表。

参考答案

一、单项选择题

1. C　2. B　3. B　4. C　5. B　6. C　7. D　8. B　9. C　10. D　11. C　12. D　13. C　14. A　15. D　16. C　17. C　18. A　19. B　20. C

二、多项选择题

1. ABCD　2. AD　3. ABD　4. ABC　5. CD　6. AC　7. BD　8. ABD　9. AC　10. ABCD　11. ABCD　12. AD　13. ABCD　14. ABC　15. AB

三、判断题

1. ×　2. √　3. ×　4. √　5. ×　6. ×　7. ×　8. ×　9. ×　10. √　11. √　12. ×　13. √　14. √　15. √　16. √　17. ×　18. ×　19. √　20. √

四、名词解释

财产清查是指通过对实物、现金的实地盘点和银行存款往来款项的核对，查明各项财产物资、货币资金、往来款项的实有数和账面数是否相符的一种方法。

永续盘存制是对各项财产、物资平时连续登记其增加数和减少数，随时结出余额的一种财产物资管理制度。

实地盘存制是对各项财产、物资平时只登记其增加数，不登记其减少数，月末根据实地盘点资料，倒轧出本期减少数的一种财产物资管理制度。

未达账项是指往来双方由于票据的传递时间不一致引起的一方已经收到票据入了账而另一方尚未收到票据未入账的款项。

五、简答题

1. 根据财产管理的要求，任何单位都必须通过账簿记录反映财产物资的增减变动和结存情况，保证账实、账款相符。但由于种种原因，企业账实会发生差异，比如由于计量不准、制度不严或工作人员疏忽造成计算差错、登记错误或物资变质损失，营私舞弊、贪污盗窃或非法侵占等不法行为造成损失等，因此必须通过财产清查，尽可能地达到账实相符之要求。

2. 未达账项是在往来双方发生的一方已经入账而另一方尚未入账的款项。未达账项发生在存在往来款项的双方，其中银行与企业的往来业务最多，因此在说明未达账项时总是以银行与企业的未达账项为例，其实企业与其他单位的往来款项也存在未达账项。企业与银行之间的未达账项一般有以下四种：

（1）企业已收到收款票据入了账，增加了"银行存款"，银行尚未收到票据未入账，未增加企业"银行存款"。

（2）银行已收到收款票据入了账，增加了企业的"银行存款"，企业尚未收到票据未入账，未增加企业"银行存款"。

（3）企业已收到付款票据入了账减少了企业"银行存款"，银行尚未收到付款票据未入账，未减少企业"银行存款"。

（4）银行已收到付款票据入了账，减少了企业"银行存款"，企业尚未收到付款票据未入账，未减少企业"银行存款"。

3. 实地盘存制平时只记录财产物资的增加，不记录其减少，月末通过对财产物资进行实地盘点，确定其期末余额，然后根据如下公式倒轧出本期减少数：本期减少数额＝期初余额＋本期增加数额－期末余额

这种方法的核算工作简单，但不便于加强财产物资的管理。由于管理不善被人偷走，或者霉烂变质，或者毁损了的财产物资都计入本期减少数中。这种方法主要适用于价格低廉、用量较大的财产物资的管理。永续盘存制平时既记录财产物资的增加，也记录其减少，随时可以结出财产物资的账面余额。可以通过以下公式计算期末余额：

期末余额＝期初余额＋本期增加数额－本期减少数额

期末再根据实地盘点，检查账实是否相符，发现财产物资管理中是否存在问题。这种方法的核算手续比较严密，能起到控制财产物资的收、付、存的作用，但核算工作量相对大一些。这种方法适用于多数企业。

六、业务题

1. 编制会计分录如下：

（1）盘亏固定资产时：

借：待处理财产损溢——待处理固定资产损溢 30 000

　　累计折旧 20 000

　　贷：固定资产 50 000

（2）盘盈固定资产时：

借：固定资产 56000

　　贷：待处理财产损溢——待处理固定资产损溢 56 000

（3）盘亏产成品时：

借：待处理财产损溢——待处理流动资产损溢 40 000

　　贷：产成品 40 000

（4）盘盈原材料时：

借：原材料 9 000

　　贷：待处理财产损溢——待处理流动资产损溢 9 000

（5）批准处理：

借：营业外支出——非流动资产处置损溢 30 000

　　贷：待处理财产损溢——待处理固定资产损溢 30 000

借：待处理财产损溢——待处理固定资产损溢 56 000

　　贷：营业外收入——非流动资产处置损溢 56 000

借：待处理财产损溢——待处理流动资产损溢 9 000

　　贷：管理费用 9 000

借：其他应收款——某仓管员 8 000

　　管理费用 32 000

　　贷：待处理财产损溢——待处理流动资产损溢 40 000

2. 更正错账如表 10-1 所示：

表 10-1　　　　　　　　M 公司银行存款余额调节表　　　　　　　　单位：元

银行对账单余额	90 590	企业银行存款余额	94 690
加：企业已收银行未收 减：企业已付银行未付	10 300 5 400	加：银行已收企业未收 减：银行已付企业未付	7 500 6 700
调整后的余额	95 490	调整后的余额	95 490

第十一章　财务会计报告

学习重点及难点

一、财务报表的概念和作用

财务报表是以日常核算的资料为主要依据，总括反映会计主体在某一特定日期的财务状况、一定时期内的经营成果和现金流量的报表文件。编制财务报表是会计核算的一种专门方法，也是会计循环的最后环节。

财务报表的具体作用有以下几方面：

（1）财务报表能提供有助于投资者、债权人进行合理决策的信息。

（2）财务报表能提供管理当局受托经管责任的履行情况的信息。

（3）财务报表能为用户提供评价和预测企业未来现金流量的信息。

（4）财务报表能为国家政府管理部门进行宏观调控和管理提供信息。

二、编制财务报表的要求

企业在编制财务报表时应遵守如下原则：

（1）相关性原则。

（2）可靠性原则。

（3）及时性原则。

（4）可比性原则。

（5）重要性原则。

（6）中立性原则。

（7）完整性原则。

（8）成本效益原则。

三、财务报表的种类

（1）财务报表按反映的经济内容不同，可分为资产负债表、损益表、财务状况变动表。

（2）财务报表按编报的时间不同，可分为月报、季报、半年报、年报。

（3）财务报表按反映资金的运动状态不同，可分为静态报表和动态报表。

（4）财务报表按编报单位不同，可分为单位报表和汇总报表。

（5）财务报表按报表各项目所反映的数字内容不同，可分为个别财务报表和合并财务报表。

（6）财务报表按报表的服务对象不同，可分为对内报表和对外报表。

四、资产负债表

（一）资产负债表的概念和作用

资产负债表是反映企业在某一特定日期财务状况的财务报表。

资产负债表的作用主要表现在以下三个方面：

（1）可以反映出企业资产、负债的结构变化。

（2）可以反映企业管理人员利用企业现有的经济资源的情况。

（3）可以反映企业的偿债能力与支付能力。

（二）资产负债表的格式

资产负债表是以"资产＝负债＋所有者权益"这一平衡公式为基础编制的。

资产负债表的格式一般有账户式和报告式两种。我国会计制度规定采用账户式。

（三）资产负债表的编制

资产负债表是由静态要素构成的一个静态报表。静态要素反映的是静态指标或时点指标，即为账户的期末数（期末余额），因此资产负债表应根据当期会计账簿资料中资产、负债、所有者权益类账户的余额填列。资产负债表的具体填列方法归纳为如下几点：

（1）直接根据总账科目的余额填列。

（2）根据明细科目的余额分析计算填列。

（3）根据几个总账科目的期末余额相加填列。

（4）根据有关科目的期末余额分析计算填列。

（5）反映资产账户与有关备抵账户的抵消过程，以反映其净额。

五、利润表

（一）利润表的概念和作用

利润表又称损益表或收益表，是反映企业在一定期间实现的经营成果的报表。

利润表的具体作用主要有以下三点：

（1）可以反映企业收入的实现情况、成本费用的发生情况、构成情况及控制情况。

（2）可以反映企业获利能力的强弱。

（3）可以反映企业管理人员的受托责任完成情况以及管理人员管理水平的高低。

（二）利润表的格式

利润表是以"收入－费用＝利润"这一会计动态平衡公式为基础，分别列示收入、费用、利润三大会计动态要素的各要素项目，反映出企业利润总额的形成过程。

利润表常见的格式有单步式和多步式两种。我国会计制度规定采用多步式利润表。

（三）利润表的编制

利润表是由动态会计要素构成的动态会计报表。动态会计要素反映的是动态指标或期间指标，即为账户的本期发生额。因此，利润表各项目是根据损益类账户的本期发生额填列的。

六、现金流量表

（一）现金流量表的概念和作用

现金流量表是以现金为基础编制的反映企业一定时期（会计期间）现金流入、现金流出及其增减变动情况的财务状况变动表。

现金流量表的主要作用如下：

（1）能够说明企业一定期间内现金流入和流出的原因。

（2）能够说明企业偿还债务的能力和支付股利的能力。

（3）能够分析企业未来获取现金的能力。

（4）能够分析企业投资和理财活动对经营成果和财务状况的影响。

（二）现金流量表的编制基础

现金流量表是以现金为基础编制的。这里的现金是广义的现金，指企业库存现金、可以随时用于支付的存款和现金等价物。

现金等价物是指企业持有的期限短、流动性强、易于转换为已知金额的现金及价值变动风险很小的投资。现金等价物的主要特点是流动性强，并可随时转换成现金的投资，通常指购买在 3 个月或更短时间内到期的债券投资。比如企业于 2015 年 12 月 20 日购入 2013 年 3 月 1 日发行的期限为 3 年的国债（2016 年 3 月 1 日到期），购买时还有 70 天到期，则这项短期债券投资被视为现金等价物。应注意，购买日至到期日短于 3 个月且是债券投资，不是股权投资。可见，作为现金等价物的主要标志是购入日至到期日在 3 个月或更短时间内转换为已知现金的投资。

（三）现金流量的概念

现金流量是指企业的现金流入量与流出量。现金流量是某一期间内企业现金流入和流出的数量。影响现金流量的因素有经营活动、投资活动和筹资活动，如购买和销售商品、提供或接受劳务、购建或出售固定资产、对外投资或收回投资、借入资金或偿还债务等。衡量企业经营状况是否良好、是否有足够的现金偿还债务、资产的变现能力强弱等，现金流量是非常重要的指标。

通常按照企业经营业务发生的性质将企业一定期间内产生的现金流量归为以下三类：

（1）经营活动产生的现金流量。经营活动是指企业投资活动和筹资活动以外的所有交易和事项，包括销售商品或提供劳务、经营性租赁、购买货物、接受劳务、制造产品、广告宣传、推销产品、缴纳税款等。通过现金流量表中反映的经营活动产生的现金流入和流出，可以说明企业经营活动对现金流入和流出净额的影响程度。

（2）投资活动产生的现金流量。投资活动是指企业长期资产以及不包括在现金等价物范围内投资的购建和处置，包括取得或收回权益性证券的投资、购买或收回债券的投资、购建和处置固定资产、无形资产和其他长期资产等。

（3）筹资活动产生的现金流量。筹资活动是指导致企业所有者权益及借款规模和构成发生变化的活动，包括吸收权益性资本、发行债券、借入资金、支付股利、偿还债务等。通过现金流量表中筹资活动产生的现金流量，可以分析企业筹资的能力以及筹资产生的现金流量对企业现金流量的影响。

（四）影响现金流量的因素

企业日常经营业务是影响现金流量的重要因素，但并不是所有的经营业务都影响现金流量。影响或不影响现金流量的因素主要包括：

（1）现金各项目之间的增减变动不会影响现金流量净额的变动。比如从银行提取现金、将现金存入银行、用现金购买两个月到期的债券投资等，均属于现金各项目之间内部资金转换，不会使现金流量增加或减少。

（2）非现金各项目之间的增减变动也不会影响现金流量净额的变动。比如用固定资产清偿债务、用原材料对外投资、用存货清偿债务、用固定资产对外投资等，均属于非现金各项目之间的增减变动，不涉及现金的收支，不会使现金流量增加或减少。

（3）现金各项目与非现金各项目之间的增减变动会影响现金流量净额的变动。比如用现金支付购买原材料、用现金对外投资、收回长期债券等，均涉及现金各项目与非现金各项目之间的增减变动，这些变动会引起现金流入或现金支出。

现金流量表主要反映现金各项目与非现金各项目之间的增减变动情况对现金流量净额的影响，非现金各项目之间的增减变动虽然不影响现金流量净额，但属于重要的投资和筹资活动，在现金流量表的附注中反映。

练习题

一、单项选择题

1. 最关心企业的盈利情况的会计报表使用者是（　　）。
   A. 企业股东　　　　　　　　B. 货物供应商
   C. 企业职工　　　　　　　　D. 企业债权人
2. 最关心企业偿债能力和支付利息能力的会计报表使用者是（　　）。
   A. 税务机关　　　　　　　　B. 企业债权人
   C. 企业股东　　　　　　　　D. 企业职工

3. 下列会计报表中，反映企业在某一特定日期财务状况的是（　　）。

　　A. 现金流量表　　　　　　　　　B. 利润表

　　C. 资产负债表　　　　　　　　　D. 分部报表

4. 对外报送的报表不包括（　　）。

　　A. 资产负债表　　　　　　　　　B. 成本报表

　　C. 利润表　　　　　　　　　　　D. 现金流量表

5. 资产负债表中资产的排列顺序是（　　）。

　　A. 收益率高的资产排在前　　　　B. 重要的资产排在前

　　C. 流动性强的资产排在前　　　　D. 非货币性资产排在前

6. 根据我国《企业会计准则——应用指南》的规定，企业资产负债表的格式是
（　　）。

　　A. 报告式　　　　　　　　　　　B. 账户式

　　C. 多步式　　　　　　　　　　　D. 单步式

7. 在利润表中，从利润总额中减去（　　），为企业的净利润。

　　A. 提取任意盈余公积数　　　　　B. 股利分配数

　　C. 提取法定盈余公积数　　　　　D. 所得税费用

8. 下列会计报表中，属于静态报表的是（　　）。

　　A. 利润表　　　　　　　　　　　B. 分部报表

　　C. 现金流量表　　　　　　　　　D. 资产负债表

9. 下列会计报表中，不需要对外报送的报表是（　　）。

　　A. 利润表　　　　　　　　　　　B. 企业成本报表

　　C. 现金流量表　　　　　　　　　D. 资产负债表

10. 下列资产负债表中，应根据相应总账账户期末余额直接填列的项目是（　　）。

　　A. 预收账款　　　　　　　　　　B. 固定资产

　　C. 应付账款　　　　　　　　　　D. 货币资金

11. 下列资产负债表中，应根据多个账户期末余额相加填列的是（　　）。

　　A. 存货　　　　　　　　　　　　B. 应收账款净额

　　C. 固定资产净额　　　　　　　　D. 累计折旧

12. 某企业“应收账款”明细账借方余额合计为 140 000 元，贷方余额合计为36 500
元，“坏账准备”贷方余额为 340 元，则资产负债表的“应收账款净额”项目应是
（　　）元。

　　A. 140 000　　　　　　　　　　　B. 103 160

　　C. 139 660　　　　　　　　　　　D. 103 500

13. 现金流量表的现金是指（　　　）。

  A. 企业库存现金   B. 企业银行存款

  C. 企业库存现金和银行存款   D. 广义的现金及现金等价物

二、多项选择题

1. 财务会计报告分为（　　　）。

  A. 年度财务会计报告   B. 季度财务会计报告

  C. 半年度财务会计报告   D. 月度财务会计报告

2. 企业会计报表按其报送的对象分为（　　　）。

  A. 对内会计报表   B. 静态会计报表

  C. 对外会计报表   D. 动态会计报表

3. 下列各项中，属于中期财务会计报告的有（　　　）。

  A. 月度财务会计报告   B. 季度财务会计报告

  C. 半年度财务会计报告   D. 年度财务会计报告

4. 按照《企业会计准则——应用指南》的规定，每月终了都需要编制和报送的会计报表有（　　　）。

  A. 资产负债表   B. 利润表

  C. 所有者权益变动表   D. 现金流量表

5. 下列各项中，属于财务会计报告编制要求的有（　　　）。

  A. 真实可靠   B. 相关可比

  C. 全面完整   D. 编报及时

6. 资产负债表"存货"项目的内容有（　　　）。

  A. 生产成本   B. 委托代销商品

  C. 在途材料   D. 包装物

7. 企业资产负债表所提供的信息主要包括（　　　）。

  A. 企业拥有或控制的资源及其分布情况

  B. 企业所承担的债务

  C. 企业利润的形成

  D. 企业所有者权益份额及其结构

8. 我国企业的利润表采用多步式，分步计算的利润指标有（　　　）等。

  A. 应纳税所得额   B. 营业利润

  C. 利润总额   D. 净利润

9. 下列资产负债表中的部分项目属于所有者权益的有（　　　）。

  A. 实收资本   B. 资本公积

  C. 盈余公积   D. 应付股利

10. 企业的年度财务会计报告应包括的内容有（　　　）。

    A. 会计报表　　　　　　　　　　B. 会计报表附注

    C. 财务预测　　　　　　　　　　D. 财务决策

11. 下列资产负债表各项目不能以总账余额直接填列的有（　　　）。

    A. 应收票据　　　　　　　　　　B. 应收账款净额

    C. 货币资金　　　　　　　　　　D. 存货

12. 资产负债表的"货币资金"应根据（　　　）科目期末余额的合计数填列。

    A. 其他货币资金　　　　　　　　B. 库存现金

    C. 备用金　　　　　　　　　　　D. 银行存款

三、判断题

1. 资产负债表是反映企业在一定时期内财务状况的报表。　　　　　（　　）

2. 会计报表应当根据经过审核的会计账簿记录和有关资料编制。　　（　　）

3. 会计报表附注是对会计报表的编制基础、编制依据、编制原则和方法及主要项目所做的解释，以便于会计报表使用者理解会计报表的内容。　　　　　　　（　　）

4. 编制会计报表的主要目的就是为会计报表使用者决策提供信息。　（　　）

5. 报告式资产负债表中的资产项目是按其重要性排列的。　　　　　（　　）

6. 根据利润表，可以分析、评价企业的盈利状况，了解预测企业未来的损益变化趋势及获利能力。　　　　　　　　　　　　　　　　　　　　　　　　　（　　）

7. 半年度财务会计报告是指在每年前 6 个月结束后对外提供的财务会计报告。
　　　　　　　　　　　　　　　　　　　　　　　　　　　　　　　（　　）

8. 资产负债表中的"流动资产"各项目是按照资产的流动性由弱到强先后排列的。
　　　　　　　　　　　　　　　　　　　　　　　　　　　　　　　（　　）

9. 对外提供的会计报表信息，与股东和债权人有关，与企业管理者无关。（　　）

10. 会计报告包括会计报表及会计报表附注。　　　　　　　　　　　（　　）

11. 资产负债表提供了企业财务状况的情况，因此资产负债表也称为财务状况表。
　　　　　　　　　　　　　　　　　　　　　　　　　　　　　　　（　　）

12. 资产负债表是根据资产、负债、所有者权益账户的期末余额填列的。（　　）

13. 利润表是根据损益账户本期发生额填列的。　　　　　　　　　　（　　）

14. 现金流量表是资产负债表与利润表的桥梁。　　　　　　　　　　（　　）

四、名词解释

会计报表　资产负债表　利润表　现金流量表

五、简答题

1. 会计报表的作用是什么？

2. 资产负债表的编制依据是什么？

3. 资产负债表的作用是什么？

4. 利润表的作用是什么？

5. 现金流量表的作用是什么？

六、业务题

1. W 公司 2015 年 12 月 31 日有关科目余额如下：

有借方余额的：库存现金 29 000 元、银行存款 310 000 元、其他货币资金100 000 元、应收账款 450 000 元、原材料 600 000 元、燃料 200 000 元、周转材料——低值易耗品 40 000 元、周转材料——包装物 120 000 元、生产成本 400 000 元、产成品800 000, 元、分期收款发出商品 300 000 元、委托代销商品 150 000 元、长期股权投资 580 000 元、持有至到期投资 360 000 元（其中 80 000 元已于一年内到期）、固定资产 1 000 000 元、在建工程 220 000 元、无形资产 500 000 元。

有贷方余额的：短期借款 500 000 元、应付账款 420 000 元、应付票据100 000 元、应交税费 250 000 元、应付职工薪酬 200 000 元、坏账准备 9 000 元、累计折旧 350 000 元、长期借款 400 000 元（其中 100 000 元已于一年内到期）、累计摊销60 000元。

要求：计算所有者权益为多少。假设所有者权益中，股本、资本公积、盈余公积和未分配利润分别占所有者权益的 30%、40%、20%、10%，计算各权益项目的数额。根据资料和计算结果编制资产负债表。

2. 华南公司 2015 年年末有关损益类科目的本期发生额如表 11-1 所示：

表 11-1 　　　　华南公司 2015 年年末有关损益类科目的本期发生额　　　　单位：元

会计科目	借方发生额	贷方发生额
主营业务收入		1 870 000
投资收益		300 000
营业外收入		50 000
主营业务成本	800 000	
营业税金及附加	20 000	
销售费用	70 000	
管理费用	60 000	
财务费用	50 000	
营业外支出	40 000	
所得税费用	30 000	
合计		

华南公司适用的所得税税率为 25%，无其他纳税调整项目。

要求：计算所得税费用，并编制利润表。

参考答案

一、单项选择题

1. A　2. B　3. C　4. D　5. C　6. B　7. D　8. D　9. B　10. B　11. A　12. C　13. D

二、多项选择题

1. ABCD　2. AC　3. ABC　4. ABD　5. ABCD　6. ABCD　7. ABD　8. BCD　9. ABC
10. AB　11. BCD　12. ABD

三、判断题

1. ×　2. √　3. √　4. √　5. ×　6. √　7. √　8. ×　9. ×　10. √　11. √　12. √
13. √　14. √

四、名词解释

会计报表是企业根据日常的核算资料，定期编制的反映企业某一特定日期的财务状况和某一期间经营成果及现金流量的报告文件。

资产负债表是反映企业某一特定日期全部资产、负债和所有者权益等财务状况的报表。

利润表是反映企业某一期间收入实现、成本费用的发生及利润形成的经济成果的报表。

现金流量表是反映企业某一期间现金流入、流出及现金流量净额增减变动情况及变动原因的报表。

五、简答题

1. 会计报表的作用在于为企业投资者充分了解企业财务状况、经营成果、现金流量情况及管理者的受托责任的履行情况，提供有用的信息；为企业债权人提供企业资金运转情况、偿债能力和支付能力的信息；为企业内部经营管理者加强经营管理提供决策信息；为企业外部单位，如税务、审计等监督机关提供重要的资料。

2. 资产负债表是一个静态会计报表，是以各有关账户的期末余额填制的。有些项目直接根据有关总账余额直接填列，如固定资产原值、累计折旧、实收资本等；有些项目要根据各有关账户明细账户余额相加或相减计算填列，如应收账款；有些项目要根据几个总账余额相加填列，如货币资金、存货等。

3. 资产负债表的作用是反映企业拥有的经济资源总量及分布状况是否合理；反映企

业负债、所有者权益总额及构成比例，可以分析企业负债比率是否恰当；反映企业现时的偿债能力与支付能力。

4. 利润表的作用是反映企业的收入实现情况、成本费用的发生情况以及利润的形成结果；反映企业的盈利能力；反映经营管理者管理水平的高低、受托责任完成的好坏。

5. 现金流量表的作用是反映企业在一定期间现金流入和流出的原因及结果；反映企业的现金支付能力和未来获取现金的能力；反映企业在一定期间的经营利润的实现与现金净流量的关系。

六、业务题

1. 所有者权益＝5 740 000－1 870 000＝3 870 000（元）

　　股本＝3 870 000×30%＝1 161 000（元）

　　资本公积＝3 870 000×40%＝1 548 000（元）

　　盈余公积＝3 870 000×20%＝774 000（元）

　　未分配利润＝3 870 000×10%＝387 000（元）

　　资产负债表编制如表11-2所示：

表11-2　　　　　　　　　　　　**资产负债表**

编制单位：W公司　　　　　　　2015年12月31日　　　　　　　单位：元

项目	年初数	年末数	项目	年初数	年末数
流动资产：			流动负债：		
货币资金		439 000	短期借款		500 000
应收账款净额		441 000	应付账款		420 000
存货		2 610 000	应付票据		100 000
一年内到期的长期债		80 000	应交税费		250 000
权投资			应付职工薪酬		200 000
			一年内到期的长期借款		100 000
流动资产小计		3 570 000	流动负债小计		1 570 000
长期资产：			长期借款		300 000
长期股权投资		580 000	负债合计		1 870 000
持有至到期投资		280 000	所有者权益：		
固定资产原价		1 000 000	实收资本		1 161 000
减：累计折旧		350 000	资本公积		1 548 000
固定资产净值		650 000	盈余公积		774 000
在建工程		220 000	未分配利润		387 000
无形资产		440 000			
资产合计		5 740 000	负债与所有者权益合计		5 740 000

2. 编制利润表如表 11-3 所示：

表 11-3   **利润表**

编制单位：华南公司   2015 年度   单位：元

项目	本月数	本年累计数
营业收入		1 870 000
减：营业成本		800 000
营业税金		20 000
管理费用		70 000
销售费用		60 000
财务费用		50 000
加：投资收益		300 000
营业利润		1 170 000
加：营业外收入		50 000
减：营业外支出		40 000
利润总额		1 180 000
减：所得税费用		295 000
净利润		885 000

第十二章 会计核算组织程序

学习重点及难点

通过本章的学习，熟练地掌握各种基本会计核算组织程序，系统地掌握三种主要的会计核算组织程序的基本工作步骤、特点、优缺点和适用范围。

本章学习的重点是记账凭证核算组织程序、汇总记账凭证核算组织程序和科目汇总表核算组织程序。

本章学习的难点是从收集和审核原始凭证、填制记账凭证、登记账簿，一直到编制会计报表的整个账务处理过程中，各种会计核算组织程序所采用的技术方法和要求。

一、会计核算组织程序的概念

会计核算组织程序是指会计凭证、会计账簿、会计报表三者相结合的方式，也称为会计账务处理程序或会计核算形式。其内容主要包括会计凭证和会计账簿的种类、格式；会计凭证与会计账簿之间的联系方法；会计账簿与会计报表之间的联系方法；收集和审核原始凭证、填制记账凭证、登记账簿，编制会计报表的工作程序和方法等。

二、会计核算组织程序的种类

会计核算组织形式分为五类：记账凭证核算形式、科目汇总表核算形式、汇总记账凭证核算形式、多栏式日记账核算形式、日记总账核算形式等。

三、记账凭证核算形式

记账凭证核算形式是会计核算组织程序的最基本的一种核算形式。记账凭证核算形式是以记账凭证直接登记总账的一种会计核算形式。

记账凭证核算形式的优点是手续简单，容易理解，总账记录详细，便于日后核查。记账凭证核算形式的不足之处是登记总账的工作量较大。这种方法适用于规模不大、业务量不多的企业。

四、科目汇总表核算组织程序

科目汇总表核算形式是指定期根据记账凭证编制科目汇总表，然后根据科目汇总表登记总账的会计核算形式。

　　这种核算形式的优点是科目汇总表核算形式把大量的记账凭证按五天或十天归类汇总，然后据以登记总账。这就大大地减少了登记总账的工作量，特别是实行会计电算化后，更能体现这一优点。这种核算形式的不足之处是科目汇总表和总账登记的内容无法反映账户之间的对应关系，经济业务的来龙去脉不够清楚。此种会计核算形式适用于生产经营规模较大、经济业务量较多、电算化程度较高的大型企业。

五、汇总记账凭证核算形式

　　汇总记账凭证核算形式是先定期根据记账凭证编制汇总记账凭证，然后根据汇总记账凭证登记总账的核算形式。

　　这种核算形式的优点是由于定期编制汇总记账凭证，并以汇总的记账凭证登记总账，可以大大减少登记总账的工作量，所登记的总账能保持账户之间的对应关系。这种核算形式的不足之处在于编制汇总记账凭证的工作量太大，有时可能要做重复工作。从总体上讲，这种核算形式并不能减少会计核算的工作量，即使用计算机编制汇总记账凭证也比较困难和麻烦。此种核算形式适用于大中型企业。

　　多栏式日记账核算形式和日记总账核算形式目前基本上很少有企业使用，已经是过时的核算方式了。

练习题

一、单项选择题

1. 企业的会计凭证、会计账簿、会计报表相结合的方式为（　　）。
　　A. 账簿组织　　　　　　　　B. 账务处理程序
　　C. 会计报表组织　　　　　　D. 会计工作组织

2. 记账凭证账务处理程序的主要特点是（　　）。
　　A. 根据各种记账凭证编制汇总记账凭证
　　B. 根据各种记账凭证逐笔登记总分类账
　　C. 根据各种记账凭证编制科目汇总表
　　D. 根据各种汇总记账凭证登记总分类账

3. 记账凭证账务处理程序的适用范围是（　　）。
　　A. 规模较大、经济业务量较多的单位
　　B. 采用单式记账的单位
　　C. 规模较小、经济业务量较少的单位
　　D. 会计基础工作薄弱的单位

4. 各种账务处理程序的主要区别是（　　）。

A. 登记明细分类账的依据和方法不同

B. 登记总分类账的依据和方法不同

C. 总账的格式不同

D. 编制会计报表的依据不同

5. 下列项目中，直接根据记账凭证逐笔登记总分类账账务处理程序的是（　　）。

A. 记账凭证账务处理程序　　　　　B. 科目汇总表账务处理程序

C. 汇总记账凭证账务处理程序　　　D. 日记总账账务处理程序

6. 科目汇总表账务处理程序比记账凭证账务处理程序增设了（　　）。

A. 原始凭证汇总表　　　　　　　　B. 汇总原始凭证

C. 科目汇总表　　　　　　　　　　D. 汇总记账凭证

7. 既能汇总登记总分类账，减轻总账登记工作，又能明确反映账户对应关系，便于查账、对账的账务处理程序是（　　）。

A. 记账凭证账务处理程序　　　　　B. 汇总记账凭证账务处理程序

C. 科目汇总表账务处理程序　　　　D. 日记总账账务处理程序

8. 科目汇总表账务处理程序的缺点是（　　）。

A. 登记总账的工作量大　　　　　　B. 程序复杂，不易掌握

C. 不能对发生额进行试算　　　　　D. 不便于查账、对账

9. 下列各项中，属于最基本的账务处理程序的是（　　）。

A. 记账凭证账务处理程序　　　　　B. 汇总记账凭证账务处理程序

C. 科目汇总表账务处理程序　　　　D. 日记总账账务处理程序

10. 记账凭证账务处理程序的缺点是（　　）。

A. 不便于分工记账　　　　　　　　B. 程序复杂，不易掌握

C. 登记总账的工作量大　　　　　　D. 不便于查账、对账

11. 特定的会计凭证、账簿组织和特定的记账程序相互结合的方式称为（　　）。

A. 会计核算前提　　　　　　　　　B. 会计账务处理程序或形式

C. 会计核算方法　　　　　　　　　D. 会计核算原则

12. 记账凭证账务处理程序登记总账的依据是（　　）。

A. 原始凭证　　　　　　　　　　　B. 科目汇总表

C. 汇总记账凭证　　　　　　　　　D. 记账凭证

13. 科目汇总表账务处理程序的缺点是（　　）。

A. 账户间对应关系不明确　　　　　B. 不便于试算平衡

C. 登记总账的工作量大　　　　　　D. 不便于使用计算机处理

14. 汇总记账凭证账务处理程序的缺点是（　　）。

A. 不便于分工记账　　　　　　　　B. 不能体现账户之间的对应关系

C. 登记总账的工作量大　　　　　　D. 汇总记账凭证的工作量较大

15. 科目汇总表账务处理程序与汇总记账凭证账务处理程序的主要相同之处是（　　）。

A. 登记总账的依据相同
B. 记账凭证汇总的方法相同
C. 汇总凭证的格式相同
D. 都需要对记账凭证的资料进行汇总

二、多项选择题

1. 记账凭证账务处理程序的优点有（　　）。

A. 登记总分类账的工作量较小

B. 账务处理程序简明，容易理解

C. 总分类账登记详细，便于查账、对账

D. 适用于规模大、业务量多的大型企业

2. 关于科目汇总表账务处理程序，下列说法正确的有（　　）。

A. 可以大大减轻总账的登记工作

B. 可以对发生额进行试算平衡

C. 能明确反映账户之间的对应关系

D. 适用于规模较大、业务量较多的企业

3. 在不同账务处理程序下，下列可以作为登记总分类账依据的有（　　）。

A. 记账凭证
B. 科目汇总表
C. 汇总记账凭证
D. 多栏式日记账

4. 在汇总记账凭证账务处理程序下，会计凭证方面除设置收款凭证、付款凭证、转账凭证外，还应设置（　　）。

A. 科目汇总表
B. 汇总收款凭证
C. 汇总付款凭证
D. 汇总转账凭证

5. 汇总记账凭证账务处理程序的优点有（　　）。

A. 总分类账的登记工作量相对较小

B. 便于会计核算的日常分工

C. 便于了解账户之间的对应关系

D. 编制汇总转账凭证的工作量较小

6. 在各种账务处理程序中，相同的会计账务处理工作有（　　）。

A. 编制汇总记账凭证
B. 登记现金、银行存款日记账
C. 登记总分类账和各种明细账
D. 编制会计报表

7. 汇总记账凭证账务处理程序的优点有（　　）。

A. 能反映账户之间的对应关系

B. 编制汇总转账凭证的工作量较小

C. 减少登记总账的工作量

D. 便于核对账目

8. 科目汇总表的特点有（　　）。

    A. 便于用计算机处理　　　　　　　B. 根据原始凭证归类编制

    C. 可作为登记总账的依据　　　　　D. 可起试算平衡的作用

9. 科目汇总表的缺点有（　　）。

    A. 不能反映账户之间的对应关系

    B. 编制科目汇总表的工作量较大

    C. 加大了登记总账的工作量

    D. 不便于查账、对账

10. 在各种账务处理程序中，能减少登记总账工作量的是（　　）。

    A. 记账凭证账务处理程序　　　　　B. 日记总账账务处理程序

    C. 汇总转账凭证编制法　　　　　　D. 科目汇总表编制法

三、判断题

1. 记账凭证账务处理程序的特点是直接根据记账凭证登记总分类账和明细分类账，是最基本的账务处理程序。　　　　　　　　　　　　　　　　　（　　）

2. 编制财务报表也是企业账务处理程序的内容之一。　　　　　　　（　　）

3. 汇总记账凭证账务处理程序是最基本的账务处理程序。　　　　　（　　）

4. 汇总记账凭证账务处理程序可以简化总账的登记工作，但编制汇总记账凭证的工作量较大。　　　　　　　　　　　　　　　　　　　　　　　　（　　）

5. 汇总记账凭证与科目汇总表的汇总方法基本相同，两种账务处理程序也基本相同。　　　　　　　　　　　　　　　　　　　　　　　　　　　　　　（　　）

6. 各种账务处理程序之间的主要区别在于登记总账的依据不同。　　（　　）

7. 科目汇总表账务处理程序是以定期编制的科目汇总表为依据登记总账的一种账务处理程序。　　　　　　　　　　　　　　　　　　　　　　　　（　　）

8. 采用科目汇总表账务处理程序，总账、明细账和日记账均应以科目汇总表为依据登账。　　　　　　　　　　　　　　　　　　　　　　　　　　　　（　　）

9. 汇总记账凭证账户处理程序的主要不足在于编制汇总记账凭证的工作量较大。　　　　　　　　　　　　　　　　　　　　　　　　　　　　　　　（　　）

10. 科目汇总表账务处理程序的主要不足在于科目汇总表不能反映账户之间的对应关系。　　　　　　　　　　　　　　　　　　　　　　　　　　　　（　　）

四、名词解释

会计核算组织程序　科目汇总表　记账凭证核算形式

五、简答题

1. 科学合理的会计核算的意义是什么？

2. 记账凭证核算程序的特点和适用范围各是什么？

3. 汇总记账凭证核算程序的特点和适用范围各是什么？

4. 科目汇总表核算程序的特点和适用范围各是什么？

六、业务题

1. 东方公司 2015 年 12 月 1 日有关总账及明细账账户余额如表 12-1 所示：

表 12-1 东方公司账户余额表

2015 年 12 月 1 日 单位：元

会计科目	借方余额	会计科目	贷方余额
库存现金	2 000	短期借款	100 000
银行存款	472 000	应付账款：华美公司	36 000
应收账款：大洋公司	16 000	应交税费	80 000
其他应收款	2 800	其中：应交增值税	32 000
原材料	120 000	应交所得税	48 000
其中：A 材料 6 000 千克	60 000	预提费用	1 980
B 材料 3 000 千克	60 000	实收资本	2 000 000
生产成本	16 080	本年利润	170 000
库存商品 3 000 件	285 000	累计折旧	48 000
待摊费用	1 200		
固定资产	1 520 900		
合计	2 435 980	合计	2 435 980

2. 东方公司 12 月份发生下列经济业务：

（1）3 日，东方公司以银行存款支付前欠华美公司的材料款 28 000 元。

（2）4 日，东方公司向华美公司购入 A 材料 2 000 千克，单价 10 元，价税合计 23 400元。材料已验收入库，货税款暂欠。

（3）5 日，东方公司收到大洋公司所欠的货款 10 000 元，存入银行。

（4）5 日，采购员张浩报销差旅费 1 300 元，交回现金 100 元。

（5）6 日，东方公司以银行存款支付已预提的银行借款利息 990 元。

（6）7 日，东方公司向红光公司购入 B 材料 5 000 千克，单价 20 元，价税合计 117 000元以银行存款支付，材料已验收入库。

（7）8 日，东方公司以银行存款上缴上月应交增值税 16 000 元，所得税费用为24 000 元。

（8）9 日，东方公司向大洋公司销售甲产品 800 件，每件单价 150 元，增值税税率为17%，货税款收存银行。

（9）10 日，东方公司以现金支付公司购买办公用品费 100 元。

（10）10 日，东方公司以现金支付车间办公用品费 70 元。

（11）12 日，生产车间为制造甲产品领用下列材料：A 材料 2 000 千克，B 材料 1 600 千克，单位成本分别为 10 元、20 元。

（12）12 日，东方公司向银行提取现金 30 700 元，备发工资。

（13）12 日，东方公司以现金 30 700 元支付本月职工工资。

（14）13 日，东方公司以银行存款支付广告费 1 000 元。

（15）14 日，东方公司以现金支付公司办公人员市内交通费 160 元。

（16）15 日，东方公司将不需用设备一台出售给光明公司，设备原价 5 000 元，已提折旧 1 500 元，价款 3 500 元收存银行。

（17）16 日，东方公司销售产品 350 件，每件售价 150 元，增值税税率为 17%，款项收存银行。

（18）17 日，东方公司向华康公司购入 A 材料 3 000 千克，价税合计 35 100 元，当即以银行存款支付，材料已验收入库。

（19）20 日，生产车间为制造甲产品领用下列材料：A 材料 2 000 千克，B 材料 2 000 千克，单位成本分别为 10 元、20 元。

（20）25 日，东方公司以银行存款支付本月水电费 2 500 元。其中：车间耗用 2 100 元，公司管理部门耗用 400 元。

（21）25 日，东方公司以银行存款支付本月公司电话费 1 500 元。

（22）31 日，东方公司结转本月职工工资 30 700 元。其中：生产工人工资 28 000 元，车间管理人员工资 1 500 元，公司管理人员工资 1 200 元。

（23）31 日，东方公司按上述人员工资总额的 14% 计提职工福利费。

（24）31 日，东方公司计提本月固定资产折旧费。其中：生产车间用固定资产折旧 2 200 元，公司用固定资产折旧 800 元。

（25）31 日，东方公司预提银行借款利息 330 元。

（26）31 日，摊销应由本月负担的公司保险费用 200 元。

（27）31 日，东方公司将本月发生的制造费用 6 080 元转入生产成本账户。

（28）31 日，东方公司结转本月完工产品的生产成本 158 040 元。本月生产甲产品 1 500 件，全部完工验收入库。

（29）31 日，东方公司销售产品 350 件，每件售价 150 元，增值税税率为 17%，货税款收存银行。

（30）31 日，东方公司以银行存款归还前欠华美公司货款 11 700 元。

（31）31 日，东方公司计算并结转本月产品销售成本。本月 1 500 件全部售完，结转成本 158 040 元。

（32）31 日，东方公司按 25% 的所得税税率计算本月应纳所得税 14 950.50 元。

（33）31 日，结清各成本、费用账户。其中："主营业务成本" 158 040 元，"管理费用" 5 828 元，"销售费用" 1 000 元，"财务费用" 330 元，"所得税费用" 24 802 元。

（34）31 日，结清收入账户。"主营业务收入" 225 000 元。

（35）31 日，结转全年利润（包括期初余额 170 000 元）。

3. 要求：

（1）根据以上资料编制记账凭证。

（2）根据记账凭证逐笔顺序登记日记账及有关明细分类账。

（3）编制科目汇总表，根据科目汇总表登记总账。

（4）编制资产负债表和损益表。

参考答案

一、单项选择题

1. B　2. B　3. C　4. B　5. A　6. C　7. B　8. D　9. A　10. C　11. B　12. D　13. A　14. D　15. D

二、多项选择题

1. BC　2. ABD　3. ABCD　4. BCD　5. AC　6. BCD　7. ACD　8. ACD　9. AD　10. CD

三、判断题

1. √　2. √　3. ×　4. √　5. ×　6. √　7. √　8. ×　9. √　10. √

四、名词解释

会计核算组织程序也称会计核算组织形式，是指从会计凭证的取得、账簿的组织，到编制会计报表的组织步骤。

科目汇总表是根据记账凭证定期编制、按会计科目汇总填制的表格，用来作为登记总账的依据。

记账凭证核算形式是指直接根据每一张记账凭证为依据登记总账的一种会计核算程序。

五、简答题

1. 有利于及时、正确地提供企业全面系统的会计核算资料，保证会计核算的质量；有利于加强会计核算的分工协作，提高会计核算的效率，节约核算时间，降低成本；有利于及时掌握资金的运动现状，提高企业经营管理水平，及时提供信息，提高企业经济效益。

2. 记账凭证核算程序是最基本的一种会计核算程序。其特点是根据记账凭证逐笔登记总分类账。其账簿组织包括设置现金日记账、银行存款日记账、总分类账和明细分类账。其记账步骤是根据原始凭证填制记账凭证；根据收款凭证、付款凭证逐笔登记现金和银行存款日记账；根据记账凭证和原始凭证逐笔登记各种明细账；根据记账凭证登记总分类账；月末，根据总分类账和明细分类账的资料编制会计报表。这种程序比较简单，适用于经济业务量不多的小型企业。

3. 汇总记账凭证核算程序的特点是先根据记账凭证编制汇总记账凭证，然后据以登记总分类账。汇总记账凭证核算的内容基本上与记账凭证核算程序相同，不同的是多了一道记账凭证的汇总程序。汇总记账凭证一般分为收款、付款和转账三种。汇总收款凭证应以现金和银行存款的借方设置，并按相应的贷方账户汇总；汇总付款凭证则以现金和银行存款的贷方设置，并按相应的借方账户汇总；汇总转账凭证一般按有关账户贷方设置，并按相应的借方账户汇总。这种核算程序能减少登记总账的工作量，汇总记账凭证能反映账户之间的对应关系，但编制汇总记账凭证增加了较多的工作量。此种核算程序适用于经济业务量较多的企业。

4. 科目汇总表核算程序的特点是定期编制科目汇总表，并据以登记总分类账。科目汇总表的核算程序与汇总记账凭证相似，先根据记账凭证按科目汇总填制科目汇总表，然后根据科目汇总表登记总分类账。科目汇总表定期编制、汇总每一科目的借方和贷方发生额，进行试算平衡，汇总时间一般不超过 10 天。这种核算程序大大减少了登记总账的工作量，编制科目汇总表可利用计算机自动生成，不会增加工作量，但科目汇总表不能反映经济业务的来龙去脉（对应关系）。此种核算程序适用于经济业务量较多的大型企业，也是目前企业普遍采用的核算程序。

六、业务题

1. 根据 1~15 日的经济业务编制记账凭证如表 12-2~表 12-18 所示：

表 12-2　　　　　　　　　　　**通用记账凭证**　　　　　　　　　　　单位：元

2015 年 12 月 3 日　　　　　　　　　　　第 1 号

摘要	会计科目		借方金额	贷方金额	记账
	总账科目	明细科目			
支付欠款	应付账款	华美公司	28 000		
	银行存款			28 000	
附单据　张	合　　计		28 000	28 000	

表 12-3　　　　　　　　　　**通用记账凭证**　　　　　　　　单位：元

2015 年 12 月 4 日　　　　　　　　　　第 2 号

摘要	会计科目		借方金额	贷方金额	记账
	总账科目	明细科目			
购入材料未付款	原材料	A 材料	20 000		
	应交税费	应交增值税（进项税额）	3 400		
	应付账款	华美公司		23 400	
附单据　　张	合　　计		23 400	23 400	

表 12-4　　　　　　　　　　**通用记账凭证**　　　　　　　　单位：元

2015 年 12 月 5 日　　　　　　　　　　第 3 号

摘要	会计科目		借方金额	贷方金额	记账
	总账科目	明细科目			
收到欠款	银行存款		10 000		
	应收账款	大洋公司		10 000	
附单据　　张	合　　计		10 000	10 000	

表 12-5　　　　　　　　　　**通用记账凭证**　　　　　　　　单位：元

2015 年 12 月 5 日　　　　　　　　　　第 4 号

摘要	会计科目		借方金额	贷方金额	记账
	总账科目	明细科目			
报销差旅费交余款	库存现金		100		
	管理费用	差旅费	1 300		
	其他应收款	张浩		1 400	
附单据　　张	合　　计		1 400	1 400	

表 12-6 通用记账凭证 单位：元

2015 年 12 月 6 日 第 5 号

摘要	会计科目		借方金额	贷方金额	记账
	总账科目	明细科目			
支付已预提的利息	预提费用		990		
	银行存款			990	
附单据 张	合　计		990	990	

表 12-7 通用记账凭证 单位：元

2015 年 12 月 7 日 第 6 号

摘要	会计科目		借方金额	贷方金额	记账
	总账科目	明细科目			
购入材料已付款	原材料	B 材料	100 000		
	应交税费	应交增值税（进项税额）	17 000		
	银行存款			117 000	
附单据 张	合　计		117 000	117 000	

表 12-8 通用记账凭证 单位：元

2015 年 12 月 8 日 第 7 号

摘要	会计科目		借方金额	贷方金额	记账
	总账科目	明细科目			
缴纳税金	应交税费	应交增值税	16 000		
		应交所得税	24 000		
	银行存款			40 000	
附单据 张	合　计		40 000	40 000	

表 12-9
　　　　　　　　　　通用记账凭证　　　　　　　　　　单位：元

2015 年 12 月 9 日　　　　　　　　　　第 8 号

摘要	会计科目		借方金额	贷方金额	记账
	总账科目	明细科目			
销售商品收到货款	银行存款		140 400		
	主营业务收入	甲产品		120 000	
	应交税费	应交增值税（销项税额）		20 400	
附单据　　张	合　　计		140 400	140 400	

表 12-10
　　　　　　　　　　通用记账凭证　　　　　　　　　　单位：元

2015 年 12 月 10 日　　　　　　　　　　第 9 号

摘要	会计科目		借方金额	贷方金额	记账
	总账科目	明细科目			
以现金支付办公费	管理费用	办公费	100		
	库存现金			100	
附单据　　张	合　　计		100	100	

表 12-11
　　　　　　　　　　通用记账凭证　　　　　　　　　　单位：元

2015 年 12 月 10 日　　　　　　　　　　第 10 号

摘要	会计科目		借方金额	贷方金额	记账
	总账科目	明细科目			
以现金支付车间办公费	制造费用	办公费	70		
	库存现金			70	
附单据　　张	合　　计		70	70	

表 12-12　　　　　　　　　　　　　　**通用记账凭证**　　　　　　　　　　　单位：元

2015 年 12 月 12 日　　　　　　　　　　第 11 号

摘要	会计科目		借方金额	贷方金额	记账
	总账科目	明细科目			
生产领用材料	生产成本	甲产品	52 000		
	原材料	A 材料		20 000	
		B 材料		32 000	
附单据　　张	合　　　计		52 000	52 000	

表 12-13　　　　　　　　　　　　　　**通用记账凭证**　　　　　　　　　　　单位：元

2015 年 12 月 12 日　　　　　　　　　　第 12 号

摘要	会计科目		借方金额	贷方金额	记账
	总账科目	明细科目			
从银行提现	库存现金		30 700		
	银行存款			30 700	
附单据　　张	合　　　计		30 700	30 700	

表 12-14　　　　　　　　　　　　　　**通用记账凭证**　　　　　　　　　　　单位：元

2015 年 12 月 12 日　　　　　　　　　　第 13 号

摘要	会计科目		借方金额	贷方金额	记账
	总账科目	明细科目			
以现金支付工资	应付职工薪酬	工资	30 700		
	库存现金			30 700	
附单据　　张	合　　　计		30 700	30 700	

表 12-15　　　　　　　　　　　　**通用记账凭证**　　　　　　　　　单位：元

2015 年 12 月 13 日　　　　　　　　　　　第 14 号

摘要	会计科目		借方金额	贷方金额	记账
	总账科目	明细科目			
支付广告费	销售费用	广告费	1 000		
	银行存款			1 000	
附单据　张	合　　计		1 000	1 000	

表 12-16　　　　　　　　　　　　**通用记账凭证**　　　　　　　　　单位：元

2015 年 12 月 14 日　　　　　　　　　　　第 15 号

摘要	会计科目		借方金额	贷方金额	记账
	总账科目	明细科目			
支付管理人员交通费	管理费用	交通费	160		
	库存现金			160	
附单据　张	合　　计		160	160	

表 12-17　　　　　　　　　　　　**通用记账凭证**　　　　　　　　　单位：元

2015 年 12 月 15 日　　　　　　　　　　　第 161/2 号

摘要	会计科目		借方金额	贷方金额	记账
	总账科目	明细科目			
出售固定资产	固定资产清理		3 500		
	累计折旧		1 500		
	固定资产	设备		5 000	
附单据　张	合　　计		5 000	5 000	

表 12-18 　　　　　　　　　　**通用记账凭证**　　　　　　　　　单位：元

2015 年 12 月 15 日　　　　　　　　　　第 162/2 号

摘要	会计科目		借方金额	贷方金额	记账
	总账科目	明细科目			
出售固定资产收到款	银行存款		3 500		
	固定资产清理			3 500	
附单据　　张	合　　计		3 500	3 500	

　　2. 15 日根据记账凭证编制科目汇总表如表 12-19 所示：

表 12-19　　　　　　　　　　**科目汇总表**（1~15 日）　　　　　　　单位：元

会计科目	借方发生额	贷方发生额
库存现金	30 800	31 030
银行存款	153 900	217 690
应收账款		10 000
其他应收款		1 400
原材料	120 000	52 000
生产成本	52 000	
制造费用	70	
管理费用	1 560	
销售费用	1 000	
固定资产		5 000
累计折旧	1 500	
固定资产清理	3 500	3 500
应付账款	28 000	23 400
应交税费	60 400	20 400
预提费用	990	
应付职工薪酬	30 700	
主营业务收入		120 000
合计	484 420	484 420

3. 根据 16~31 日的经济业务编制记账凭证如表 12-20~表 12-38 所示：

表 12-20   通用记账凭证   单位：元

2015 年 12 月 16 日   第 17 号

摘要	会计科目		借方金额	贷方金额	记账
	总账科目	明细科目			
销售商品收存银行	银行存款		61 425		
	主营业务收入			52 500	
	应交税费	应交增值税（销项税额）		8 925	
附单据　　张	合　　计		61 425	61 425	

表 12-21   通用记账凭证   单位：元

2015 年 12 月 17 日   第 18 号

摘要	会计科目		借方金额	贷方金额	记账
	总账科目	明细科目			
购材料已付款	原材料		30 000		
	应交税费	应交增值税（进项税额）	5 100		
	银行存款			35 100	
附单据　　张	合　　计		35 100	35 100	

表 12-22   通用记账凭证   单位：元

2015 年 12 月 20 日   第 19 号

摘要	会计科目		借方金额	贷方金额	记账
	总账科目	明细科目			
生产产品领料	生产成本	甲产品	60 000		
	原材料	A 材料		20 000	
		B 材料		40 000	
附单据　　张	合　　计		60 000	60 000	

表 12-23

通用记账凭证

2015 年 12 月 25 日

单位：元

第 20 号

摘要	会计科目		借方金额	贷方金额	记账
	总账科目	明细科目			
支付水电费	制造费用	水电费	2 100		
	管理费用	水电费	400		
	银行存款			2 500	
附单据　　张	合　　　计		2 500	2 500	

表 12-24

通用记账凭证

2015 年 12 月 25 日

单位：元

第 21 号

摘要	会计科目		借方金额	贷方金额	记账
	总账科目	明细科目			
支付电话费	管理费用	电话费	1 500		
	银行存款			1 500	
附单据　　张	合　　　计		1 500	1 500	

表 12-25

通用记账凭证

2015 年 12 月 31 日

单位：元

第 22 号

摘要	会计科目		借方金额	贷方金额	记账
	总账科目	明细科目			
分配职工工资	生产成本	工资	28 000		
	制造费用	工资	1 500		
	管理费用	工资	1 200		
	应付职工薪酬	工资		30 700	
附单据　　张	合　　　计		30 700	30 700	

表 12-26   **通用记账凭证**   单位：元

2015 年 12 月 31 日   第 23 号

摘要	会计科目		借方金额	贷方金额	记账
	总账科目	明细科目			
计提福利费	生产成本	福利费	3 920		
	制造费用	福利费	210		
	管理费用	福利费	168		
	应付职工薪酬	福利费		4 298	
附单据　　张	合　　计		4 298	4 298	

表 12-27   **通用记账凭证**   单位：元

2015 年 12 月 31 日   第 24 号

摘要	会计科目		借方金额	贷方金额	记账
	总账科目	明细科目			
计提折旧	制造费用		2 200		
	管理费用		800		
	累计折旧			3 000	
附单据　　张	合　　计		3 000	3 000	

表 12-28   **通用记账凭证**   单位：元

2015 年 12 月 31 日   第 25 号

摘要	会计科目		借方金额	贷方金额	记账
	总账科目	明细科目			
预提利息	财务费用	利息	330		
	预提费用	利息		330	
附单据　　张	合　　计		330	330	

表 12-29　　　　　　　　　　　　　　**通用记账凭证**　　　　　　　　　　单位：元

2015 年 12 月 31 日　　　　　　　　　　第 26 号

摘要	会计科目		借方金额	贷方金额	记账
	总账科目	明细科目			
摊销保险费	管理费用	保险费	200		
		待摊费用		200	
附单据　　张	合　　计		200	200	

表 12-30　　　　　　　　　　　　　　**通用记账凭证**　　　　　　　　　　单位：元

2015 年 12 月 31 日　　　　　　　　　　第 27 号

摘要	会计科目		借方金额	贷方金额	记账
	总账科目	明细科目			
制造费用转入成本	生产成本	甲产品	6 080		
	制造费用			6 080	
附单据　　张	合　　计		6 080	6 080	

表 12-31　　　　　　　　　　　　　　**通用记账凭证**　　　　　　　　　　单位：元

2015 年 12 月 31 日　　　　　　　　　　第 28 号

摘要	会计科目		借方金额	贷方金额	记账
	总账科目	明细科目			
结转完工产品成本	库存商品	甲产品	158 040		
	生产成本	甲产品		158 040	
附单据　　张	合　　计		158 040	158 040	

表 12-32 通用记账凭证 单位：元

2015 年 12 月 31 日 第 29 号

摘要	会计科目		借方金额	贷方金额	记账
	总账科目	明细科目			
销售产品	银行存款		61 425		
	主营业务收入			52 500	
	应交税费	应交增值税（销项税额）		8 925	
附单据　　张	合　　　计		61 425	61 425	

表 12-33 通用记账凭证 单位：元

2015 年 12 月 31 日 第 30 号

摘要	会计科目		借方金额	贷方金额	记账
	总账科目	明细科目			
偿还欠款	应付账款	华美公司	11 700		
	银行存款			11 700	
附单据　　张	合　　　计		11 700	11 700	

表 12-34 通用记账凭证 单位：元

2015 年 12 月 31 日 第 31 号

摘要	会计科目		借方金额	贷方金额	记账
	总账科目	明细科目			
结转本月销售成本	主营业务成本		158 040		
	库存商品			158 040	
附单据　　张	合　　　计		158 040	158 040	

表 12-35

通用记账凭证

2015 年 12 月 31 日

单位：元

第 32 号

摘要	会计科目		借方金额	贷方金额	记账
	总账科目	明细科目			
计算应交所得税	所得税费用		14 950.50		
	应交税费	应交所得税		14 950.50	
附单据　张	合　　计		14 950.50	14 950.50	

表 12-36

通用记账凭证

2015 年 12 月 31 日

单位：元

第 33 号

摘要	会计科目		借方金额	贷方金额	记账
	总账科目	明细科目			
结清成本费用账户	本年利润		180 148.50		
	主营业务成本			158 040	
	管理费用			5 828	
	销售费用			1 000	
	财务费用			330	
	所得税费用			14 950.50	
附单据　张	合　　计		180 148.50	180 148.50	

表 12-37

通用记账凭证

2015 年 12 月 31 日

单位：元

第 34 号

摘要	会计科目		借方金额	贷方金额	记账
	总账科目	明细科目			
结清收入账户	主营业务收入		225 000		
	本年利润			225 000	
附单据　张	合　　计		225 000	225 000	

表 12-38 通用记账凭证 单位：元

2015 年 12 月 31 日 第 35 号

摘要	会计科目		借方金额	贷方金额	记账
	总账科目	明细科目			
结转全年利润	本年利润		214 851.50		
	利润分配	未分配利润		214 851.50	
附单据　张	合　计		214 851.50	214 851.50	

4. 根据原始凭证或记账凭证登记日记账（见表 12-39、表 12-40）和明细账（见表 12-41~表 12-44）。

表 12-39 库存现金日记账 单位：元

2015 年		凭证号数	摘要	对应科目	收入	支出	余额
月	日						
12	1		期初余额				2 000
	5	4	采购人员交回现金	其他应收款	100		2 100
	10	9	以现金支付办公费	管理费用		100	2 000
	10	10	以现金支付办公费	制造费用		70	1 930
	12	12	从银行提现	银行存款	30 700		32 630
	12	13	以现金支付工资	应付职工薪酬		30 700	1 930
	14	15	以现金支付交通费	管理费用		160	1 770
			本月发生额合计		30 800	31 030	1 770

表 12-40 银行存款日记账 单位：元

2015 年		凭证号数	摘要	对应科目	收入	支出	余额
月	日						
12	1		期初余额				472 000
	3	1	偿还购料欠款	应付账款		28 000	444 000
	5	3	收回购货单位欠款	应收账款	10 000		454 000
	6	5	支付预提利息	预提费用		990	453 010
	7	6	支付购料款	原材料		100 000	353 010
				应交税费		17 000	336 010
	8	7	缴纳税金	应交税费		40 000	296 010
	9	8	销货收款	主营业务收入	120 000		416 010
				应交税费	20 400		436 410
	12	12	从银行提现	库存现金		30 700	405 710

表12-40(续)

2015年 月	日	凭证号数	摘要	对应科目	收入	支出	余额
	13	14	支付广告费	销售费用		1 000	404 710
	15	16	出售固定资产收款	固定资产清理	3 500		408 210
	16	17	销货收款	主营业务收入	52 500		460 710
				应交税费	8 925		469 635
	17	18	支付购货款	原材料		30 000	439 635
				应交税费		5 100	434 535
	25	20	支付水电费	制造费用		2 100	432 435
				管理费用		400	432 035
	25	21	支付电话费	管理费用		1 500	430 535
	31	29	销货收款	主营业务收入	52 500		483 035
				应交税费	8 925		491 960
	31	30	支付购货欠款	应付账款		11 700	480 260
			本期发生额合计		276 750	268 490	480 260

表 12-41   原材料明细分类账　A 材料   单位：元

摘要	收入			发出			结存		
	数量(千克)	单价(元)	金额(元)	数量(千克)	单价(元)	金额(元)	数量(千克)	单价(元)	金额(元)
期初结存							6 000	10	60 000
购入材料	2 000	10	20 000				8 000	10	80 000
生产领用				2 000	10	20 000	6 000	10	60 000
购入材料	3 000	10	30 000				9 000	10	90 000
生产领用				2 000	10	20 000	7 000	10	70 000
本期发生额及余额	5 000	10	50 000	4 000	10	40 000	7 000	10	70 000

表 12-42   原材料明细分类账　B 材料   单位：元

摘要	收入			发出			结存		
	数量(千克)	单价(元)	金额(元)	数量(千克)	单价(元)	金额(元)	数量(千克)	单价(元)	金额(元)
期初结存							3 000	20	60 000
购入材料	5 000	20	100 000				8 000	20	160 000
生产领用				1 600	20	32 000	6 400	20	128 000
生产领用				2 000	20	40 000	4 400	20	88 000
本期发生额及余额	5 000	20	100 000	3 600	20	72 000	4 400	20	88 000

表 12-43   **应付账款明细账　华美公司**   单位：元

摘要	借方金额	贷方金额	借或贷	余额
期初结存			贷	36 000
偿还欠款	28 000		贷	8 000
发生欠款		23 400	贷	31 400
偿还欠款	23 400		贷	8 000
本期发生额及余额	51 400	23 400	贷	8 000

表 12-44   **其他应收账款明细账　大洋公司**   单位：元

摘要	借方金额	贷方金额	借或贷	余额
期初结存			借	2 800
收回应收账款		1 400		
本期发生额及余额	0	1 400	借	1 400

其他明细账略。

5. 31 日根据 16~31 日的记账凭证编制科目汇总表如表 12-45 所示：

表 12-45   **科目汇总表（16~31 日）**   单位：元

会计科目	借方发生额	贷方发生额
银行存款	122 850	50 800
原材料	30 000	60 000
待摊费用		
生产成本	98 000	200
制造费用	6 010	158 040
库存商品	158 040	6 080
管理费用	4 268	158 040
销售费用		5 828
财务费用		1 000
累计折旧		330
应付账款	11 700	3 000
应交税费	5 100	
预提费用		32 800.50
应付职工薪酬		330
所得税费用		34 998
主营业务收入	14 950.50	14 950.50
主营业务成本	225 000	105 000
本年利润	158 040	158 040
利润分配	395 000	225 000
		214 851.50
合计	1 229 288.50	1 229 288.50

6. 根据科目汇总表登记总分类账（用 T 形账户代替）如下：

库存现金

期初结余	2 000		
1~15	30 800	1~15	31 030
本期发生	30 800	本期发生	31 030
期末余额	1 770		

银行存款

期初结余	472 000		
1~15	153 900	1~15	217 690
16~31	122 850	16~31	50 800
本期发生	276 750	本期发生	268 490
期末余额	480 260		

应收账款

期初结余	16 000		
		1~15	10 000
本期发生	0	本期发生	10 000
期末余额	6 000		

其他应收款

期初结余	2 800		
		1~15	1 400
本期发生	0	本期发生	1 400
期末余额	1 400		

原材料

期初结余	120 000		
1~15	120 000	1~15	52 000
16~31	30 000	16~31	60 000
本期发生	150 000	本期发生	112 000
期末余额	158 000		

生产成本

期初结余	16 080		
1~15	520 000		
16~31	98 000	16~31	158 040
本期发生	150 000	本期发生	158 040
期末余额	8 040		

库存商品

期初结余	285 000		
16~31	158 040	16~31	158 040
本期发生	158 040	本期发生	158 040
期末余额	285 000		

待摊费用

期初结余	1 200		
		16~31	200
本期发生	0	本期发生	200
期末余额	1 000		

固定资产		
期初结余　1 520 900		
	1~15	5 000
本期发生　　　　0	本期发生	5 000
期末余额　1 515 900		

累计折旧		
	期初结余	4 8000
1~15　　1 500		
	16~31	3 000
本期发生　　1 500	本期发生	3 000
	期末余额	49 500

固定资产清理		
1~15　　3 500	1~15	3 500
本期发生　　3 500	本期发生	3 500
期末余额　　　0		

短期借款		
	期初结余	100 000
本期发生　　　0	本期发生	0
	期末余额	100 000

应付账款		
	期初结余	36 000
1~15　　28 000	1~15	23 400
16~31　　11 700		
本期发生　　39 700	本期发生	23 400
	期末余额	19 700

应交税费		
	期初结余	80 000
1~15　　60 400	1~15	20 400
16~31　　5 100	16~31	32 800.50
本期发生　　65 500	本期发生	53 200.50
	期末余额	67 700.50

应付职工薪酬		
1~15　　30 700		
	16~31	34 998
本期发生　　30 700	本期发生	30 700
	期末余额	4 298

预提费用		
	期初结余	1 980
1~15　　990		
	16~31	330
本期发生　　990	本期发生	330
	期末余额	1 320

实收资本		
	期初结余	2 000 000
本期发生　　　0	本期发生	0
	期末余额	2 000 000

本年利润		
	期初结余	170 000
16~31　　395 000	16~31	225 000
本期发生　　395 000	本期发生	225 000
	期末余额	0

管理费用		
1~15	1 560	
16~31	4 268	16~31 5 828
本期发生	5 828	本期发生 5 828
期末余额	0	

制造费用		
1~15	70	
16~31	6 010	16~31 6 080
本期发生	6 080	本期发生 6 080
期末余额	0	

销售费用		
1~15	1 000	
		16~31 1 000
本期发生	1 000	本期发生 1 000
期末余额	0	

财务费用		
16~31	330	16~31 330
本期发生	330	本期发生 330
期末余额	0	

所得税费用		
16~31	14 950.50	16~31 14 950.50
本期发生	14 950.50	本期发生 14 950.50
期末余额	0	

主营业务收入		
		1~15 120 000
16~31	225 000	16~31 105 000
本期发生	225 000	本期发生 225 000
		期末余额 0

主营业务成本		
16~31	158 040	16~31 158 040
本期发生	158 040	本期发生 158 040
期末余额	0	

利润分配		
		16~31 214 851.50
本期发生	0	本期发生 214 851.50
		期末余额 241 851.50

7. 月末编制试算平衡表如表 12-46 所示：

表 12-46　　　　　　　　本期发生额及余额试算平衡表　　　　　　　　单位：元

会计科目	期初余额		本期发生额		期末余额	
	借方	贷方	借方	贷方	借方	贷方
库存现金	2 000		30 800	31 030	1 770	
银行存款	472 000		276 750	268 490	480 260	
应收账款	16 000			10 000	6 000	
其他应收款	2 800			1 400	1 400	
原材料	120 000		150 000	112 000	158 000	
待摊费用	1 200			200	1 000	
生产成本	16 080		150 000	158 040	8 040	
制造费用			6 080	6 080		
库存商品	285 000		158 040	158 040	285 000	
固定资产	1 520 900			5 000	1 515 900	
累计折旧		48 000	1 500	3 000		49 500
固定资产清理			3 500	3 500		
短期借款		100 000				100 000
应付账款		36 000	39 700	23 400		19 700
应交税费		80 000	65 500	53 200.50		67 700.50
预提费用		1 980	990	330		1 320
应付职工薪酬			30 700	34 998		4 298
实收资本		2 000 000				2 000 000
本年利润		170 000	395 000	225 000		0
利润分配				214 851.50		214 851.50
管理费用						
销售费用			5 828	5 828		
销售费用			1 000	1 000		
财务费用			330	330		
所得税费用			14 950.50	14 950.50		
主营业务收入			225 000	225 000		
主营业务成本			158 040	158 040		
合计	2 435 980	2 435 980	1 713 708.50	1 713 708.50	2 457 370	2 457 370

8. 根据总分类账编制资产负债表、利润表（编制简略的资产负债表和利润表）如表 12-47 和表 12-48 所示：

表 12-47　　　　　　　　　　　　资产负债表

东方公司　　　　　　　　　　　　2015 年 12 月 31 日　　　　　　　　　　单位：元

资产	年初数	年末数	负债及权益	年初数	年末数
货币资金		482 030	短期借款		100 000
应收账款		6 000	应付账款		19 700
其他应收款		1 400	应交税费		67 700.50
待摊费用		1 000	预提费用		1 320
存货		451 040	应付职工薪酬		4 298
固定资产		1 515 900	实收资本		2 000 000
减：累计折旧		49 500	利润分配		214 851.50
固定资产净额		1 466 400			
资产合计		2 407 870	负债与权益合计		2 407 870

表 12-48　　　　　　　　　　　　利润表

2015 年 12 月　　　　　　　　　　单位：元

项目	本月数	本年累计
一、营业收入	225 000	
减：营业成本	158 040	
管理费用	5 828	
销售费用	1 000	
财务费用	330	
二、营业利润	59 802	
减：所得税费用	14 950.50	
三、净利润	44 851.50	

本月利润加上上月累计利润 170 000 元，本年全年实现净利润 214 851.50 元。

第十三章 会计工作组织

学习重点及难点

一、设立会计机构和配备会计人员

会计机构是各单位贯彻执行财经法规，制定和执行会计制度，组织领导和办理会计事务的职能机构。会计人员是直接从事会计工作的人员。建立健全会计机构，配备必要数量和一定素质的、具有从业资格的会计人员，是各单位做好会计工作，充分发挥会计职能作用的重要保证。

学习《中华人民共和国会计法》，了解企业负责人的会计法律责任和会计人员的法律责任。

二、会计职业道德规范

了解会计人员职业道德的内容，提高职业道德水准。

会计人员职业道德包括以下六个方面的内容：

（1）敬业爱岗。

（2）熟悉法规。

（3）依法办事。

（4）客观公正。

（5）搞好服务。

（6）保守秘密。

三、会计工作管理体制

会计工作管理体制是划分管理会计工作职责权限关系的制度，包括会计工作管理组织形式、管理权限划分、管理机构设置等内容。

我国的会计工作管理体制，主要有以下四个方面的内容：

（1）明确会计工作的主管部门。

（2）明确国家统一的会计制度的制定权限。

（3）明确对会计工作的监督检查部门和监督检查范围。

（4）明确对会计人员的管理内容。

四、会计档案管理

（1）会计档案应当妥善保管。

（2）会计档案应当分期保管。

（3）会计档案应当按规定程序销毁。

练习题

一、单项选择题

1. 我国会计法规体系中，居于最高层次的是（　　）。

　　A. 会计法　　　　　　　　　　　B. 会计准则

　　C. 会计制度　　　　　　　　　　D. 会计规章

2. 集中核算方式是把（　　）主要会计核算工作都集中在企业一级的会计部门进行。

　　A. 整个企业　　　　　　　　　　B. 企业某些重要部门

　　C. 企业的主要生产经营单位　　　D. 各职能管理部门

3.《中华人民共和国会计法》由（　　）制定和颁布。

　　A. 国务院　　　　　　　　　　　B. 全国人民代表大会常务委员会

　　C. 财政部　　　　　　　　　　　D. 各级财政部门共同

4. 按照我国《会计档案管理办法》的规定，记账凭证的保管期限是（　　）。

　　A. 3 年　　　　　B. 5 年　　　　　C. 15 年　　　　　D. 永久

5. 在我国，代表国家对会计工作行使职能的政府部门是（　　）。

　　A. 国务院　　　　　　　　　　　B. 审计部门

　　C. 财政部门　　　　　　　　　　D. 税务部门

6. 下列属于我国会计法规体系中第二层次的是（　　）。

　　A. 会计法　　　　　　　　　　　B. 会计准则

　　C. 会计制度　　　　　　　　　　D. 财务会计报告条例

7. 根据《中华人民共和国会计法》的规定，有权制定国家统一的会计制度的政府部门是（　　）。

　　A. 国务院　　　　　　　　　　　B. 国务院财政部门

　　C. 国务院各业务主管部门　　　　D. 省级人民政府财政部门

8. 根据我国有关法律规定，在公司制企业，对本单位会计工作负责的单位负责人应当是（　　）。

　　A. 董事长　　　　　　　　　　　B. 总经理

　　C. 总会计师　　　　　　　　　　D. 会计机构负责人

9. 不属于担任单位会计机构负责人（会计主管人员）条件的是（　　）。

  A. 有主管会计工作的经历　　　　　B. 具备会计师以上专业技术职务

  C. 从事会计工作三年以上　　　　　D. 取得会计资格证书

10. 在我国，从事会计工作的人员，其基本任职条件是（　　）。

  A. 具有会计专业技术资格　　　　　B. 担任会计专业职务

  C. 具有会计从业资格证书　　　　　D. 具有中专以上专业学历

11. 担任会计机构负责人（主管会计人员）的，除取得会计从业资格证书以外，还应具备会计师以上的专业技术资格或者从事会计工作一定时间以上的经历。该经历的时间是（　　）。

  A. 2 年　　　　　　　　　　　　　B. 5 年

  C. 4 年　　　　　　　　　　　　　D. 3 年

12. 会计机构负责人因调动工作或离职办理交接手续时，负责监交的人员应当是（　　）。

  A. 单位领导人　　　　　　　　　　B. 外部中介机构的人员

  C. 人事部门负责人　　　　　　　　D. 内部审计机构负责人

13. 一般会计人员办理会计工作交接手续时，负责监交的人员应当是（　　）。

  A. 其他会计人员　　　　　　　　　B. 会计机构负责人、会计主管人员

  C. 单位负责人　　　　　　　　　　D. 单位其他管理人员

14. 根据《中华人民共和国会计法》的规定，会计机构和会计人员应当按照国家统一的会计制度的规定对原始凭证进行认真审核，对不真实、不合法的原始凭证有权不予受理，并向（　　）。

  A. 上级主管单位负责人报告　　　　B. 本单位负责人报告

  C. 会计机构负责人报告　　　　　　D. 总会计师报告

15. 按照《会计人员继续教育暂行规定》的要求，初级会计人员接受继续教育培训的学时（　　）。

  A. 每年不少于 20 小时　　　　　　B. 每年不少于 24 小时

  C. 每年不少于 48 小时　　　　　　D. 每年不少于 72 小时

16. 根据《中华人民共和国会计法》的规定，单位负责人应在财务会计报告上（　　）。

  A. 签名或盖章　　　　　　　　　　B. 签名

  C. 盖章　　　　　　　　　　　　　D. 签名并盖章

17. 根据《中华人民共和国会计法》的规定，会计机构和会计人员应当按照国家统一的会计制度的规定对原始凭证进行认真审核，对不准确、不完整的原始凭证（　　）。

  A. 予以退回，并按照规定更正、补充

  B. 向单位负责人请示，并按其签署的意见处理

C. 由出具单位重开

D. 有权不予接受，并向单位负责人报告

18. 根据《会计档案管理办法》的规定，会计档案保管期限最短的年限为（   ）。

A. 3 年   B. 2 年

C. 4 年   D. 5 年

19. 连续三年未参加会计人员继续教育的会计人员（   ）。

A. 接受罚款处理   B. 接受通报批评

C. 会计从业资格证书自行失效   D. 撤职处分

20. 根据《会计基础工作规范》的规定，单位负责人的直系亲属不得在本单位担任的会计工作岗位是（   ）。

A. 会计机构负责人   B. 出纳

C. 稽核   D. 会计档案的保管

二、多项选择题

1. 根据《会计基础工作规范》的规定，下列各项中，出纳人员不能够兼管的工作是（   ）。

A. 稽核工作

B. 固定资产卡片的登记工作

C. 收入、费用、债权债务账目的登记工作

D. 会计档案保管工作

2. 我国会计法规的基本构成包括（   ）。

A. 会计法律   B. 财务会计报告条例

C. 会计准则   D. 会计制度

3. 账目核对也称对账，是保证会计账簿记录质量的重要程序，一般包括（   ）。

A. 账实核对   B. 账证核对

C. 账账核对   D. 账表核对

4. 各单位应当定期将会计账簿记录与其相应的会计凭证记录逐项核对，检查是否一致，检查的内容包括（   ）。

A. 时间   B. 编号

C. 内容   D. 金额、记账方向等

5. 根据国家统一会计制度的规定，对外提供的财务会计报告应当由单位有关人员签章，这些人员主要包括（   ）。

A. 内部审计人员   B. 总会计师

C. 会计机构负责人   D. 单位负责人

6. 下列各项中，能够作为会计人员进行会计监督依据的包括（   ）。

A. 会计法律　　　　　　　　B. 单位行政管理制度

C. 单位内部会计管理制度　　D. 国家统一的会计制度

7. 会计职业道德包括的内容是（　　）。

A. 敬业爱岗，熟悉法律　　　B. 依法办事，客观公正

C. 搞好服务，保守秘密　　　D. 业务处理，听从领导

8. 会计监督是我国经济监督体系的重要组成部分，其中包括（　　）。

A. 单位内部的会计监督

B. 单位外部的审计监督

C. 以财政部门为主体的国家监督

D. 以上级主管部门为主体的监督

9. 从事会计工作的人员（　　）。

A. 必须取得会计从业资格证书　　B. 必须是大专毕业

C. 熟悉国家法律法规　　　　　　D. 遵守会计职业道德

10. 注册会计师承办的业务包括（　　）。

A. 培训会计人员　　　　　　B. 代理纳税申报

C. 办理投资评价　　　　　　D. 设计会计制度

11. 根据《中华人民共和国会计法》的规定，财政部门实施会计监督的主要内容是（　　）。

A. 各单位是否依法设置会计账簿

B. 各单位的会计资料是否真实、完整

C. 会计核算是否符合会计法和国家统一会计制度的要求

D. 各单位从事会计工作的人员是否具有会计从业资格

12. 单位设置会计机构应根据（　　）来确定。

A. 单位规模的大小　　　　　B. 领导者的意图

C. 经济业务的繁简　　　　　D. 经营管理的要求

13. 单位负责人对依法履行职责、抵制违反会计法规定行为的会计人员以（　　）等方式实行打击报复，构成犯罪的，依法追究刑事责任。

A. 降级　　　　　　　　　　B. 撤职

C. 调离工作岗位　　　　　　D. 解聘或开除

14. 对受打击报复的会计人员，应当恢复其（　　）。

A. 名誉　　　B. 原有职务　　　C. 职称　　　　D. 级别

15. 隐匿、故意销毁依法应当保存的会计资料的行政责任包括（　　）。

A. 罚款　　　　　　　　　　B. 拘留

C. 吊销会计从业资格证书　　D. 通报

16. 爱岗敬业的基本要求是（　　）。

A. 正确认识会计职业，树立职业荣誉感

B. 热爱会计工作，敬重会计职业

C. 严肃认真，一丝不苟

D. 忠于职守，尽职尽责

17. 廉洁自律的基本要求是（　　）。

A. 树立正确的人生观和价值观　　　　B. 公私分明，不贪不占

C. 保密守信，不为利益所诱惑　　　　D. 遵纪守法，尽职尽责

18. 下列关于会计职业道德作用的表述中，正确的有（　　）。

A. 会计职业道德是规范会计行为的基础

B. 会计职业道德是实现会计目标的重要保证

C. 会计职业道德是会计法律制度的重要保证

D. 会计职业道德是提高会计人员素质的重要措施

19. 开展会计职业道德的意义在于（　　）。

A. 促使会计职业健康发展　　　　　　B. 培养会计职业道德情感

C. 树立会计职业道德信念　　　　　　D. 提高会计职业道德水准

20. 下列体现会计职业道德"诚实守信"基本要求的是（　　）。

A. 做老实人，说老实话，办老实事

B. 言行一致，表里如一

C. 保守商业秘密，不为利益所诱惑

D. 公私分明，不贪不占

三、判断题

1. 会计法律是指国家财政部门制定的各种会计规范性文件的总称。　　　　（　　）

2. 在我国的会计法律体系中，法律效力最高的是会计准则。　　　　　　（　　）

3. 单位内部会计监督的对象是会计机构、会计人员。　　　　　　　　　（　　）

4. 记账人员与经济业务或会计事项的审批人员、经办人员、财务保管人员的职责权限应当明确，并相互分离、相互制约。　　　　　　　　　　　　　　　（　　）

5. 伪造会计凭证是指用涂改、挖补等手段来改变会计凭证的真实内容，歪曲事实真相的行为。　　　　　　　　　　　　　　　　　　　　　　　　　　　（　　）

6. 会计人员调往外地继续从事会计工作的，应当在新的工作地的财政部门重新参加会计从业资格考试并办理申请手续。　　　　　　　　　　　　　　　　（　　）

7. 单位应当保证会计机构、会计人员依法履行职责，不得指使、强令会计机构、会计人员违法办理会计事项。　　　　　　　　　　　　　　　　　　　（　　）

8. 对伪造、变更会计资料或者编制虚假财务报告的会计人员，可处 3 000 元以上 50 000 元以下罚款，并吊销其会计从业资格证书。　　　　　　　　　（　　）

9. 会计档案的原件不得借出，如有特殊情况，必须经总会计师批准，办理登记手续后方可借出。 （　　）

10. 企业财务会计负责人不必取得会计从业资格证书。 （　　）

11. 所谓销毁，是指故意将依法应当保存的会计凭证、会计账簿、财务会计报告予以毁灭的行为。 （　　）

12. 各单位制定的内部会计制度不属于我国统一会计制度的组成部分。 （　　）

13. 单位负责人为单位会计责任主体，如果一个单位会计工作中出现违法违纪行为，单位负责人应当承担全部责任。 （　　）

14. 财政部门在实施会计监督中发现重大违法嫌疑时，不可以向与被监督单位有经济往来的单位和被监督单位开立账户的金融机构查询有关情况，只有公安或检察机关可以。 （　　）

15. 单位内部建立、健全会计监督制度，就是指在单位内部建立的会计监督制度必须健全。 （　　）

16. 报名参加会计专业技术资格考试的人员，必须具备会计从业资格，持有会计从业资格证书。 （　　）

17. 相对单位内部会计监督而言，外部会计监督就是指注册会计师依法进行的独立审计。 （　　）

18. 单位负责人对本单位会计工作和会计资料的真实性、完整性负责。 （　　）

19. 代理记账是企业委托有会计资格证书的人员进行记账的行为。 （　　）

20. 会计主管人员是负责组织管理会计事务、行使会计机构负责人职权的负责人。 （　　）

21. 出纳人员不得兼任稽核，收入、费用、债权债务账目的登记工作以及会计档案保管工作。 （　　）

22. 所谓责令限期改正，是指要求违法行为人在一定期限内将其违法行为恢复到合法状态。 （　　）

23. 变造会计凭证的行为是指以虚假的经济业务或者资金往来为前提，编造虚假的会计凭证的行为。 （　　）

24. 伪造会计凭证的行为是指采取涂改、挖补以及其他方法改变会计凭证真实内容的行为。 （　　）

25. 根据领导意图进行会计处理是会计职业道德的内容之一。 （　　）

26. 会计人员违背了会计职业道德，就会受到法律的制裁。 （　　）

27. 会计职业道德是以善恶为标准来判定会计人员的行为是否违背道德规范。 （　　）

28. 社会实践是形成会计职业道德修养的根本途径。 （　　）

29. 会计人员违背了会计职业道德的，由所在单位进行处罚。 （　　）

30. 会计人员泄露商业秘密既违背会计职业道德，也违反相关法律。　　　（　　）

四、名词解释

会计工作组织　会计法　会计档案

五、简答题

1. 科学有效地组织会计工作的意义是什么？
2. 企业内部会计管理制度有哪些内容？
3. 会计人员的主要职责与权限有哪些？
4. 什么是会计职业道德？我国会计职业道德规范的具体内容有哪些？
5. 会计档案的作用有哪些？

参考答案

一、单项选择题

1. A　2. A　3. B　4. C　5. C　6. D　7. B　8. A　9. A　10. C　11. D　12. A　13. B
14. B　15. B　16. D　17. A　18. A　19. C　20. A

二、多项选择题

1. ACD　2. ABCD　3. ABD　4. ABCD　5. BCD　6. ACD　7. ABC　8. ABC　9. ACD
10. ABCD　11. ABCD　12. ACD　13. ABCD　14. ABD　15. ACD　16. ABCD
17. ABD　18. ABC　19. ABCD　20. ABC

三、判断题

1. ×　2. ×　3. ×　4. √　5. ×　6. ×　7. √　8. ×　9. ×　10. ×　11. √　12. √　13. ×
14. √　15. √　16. √　17. ×　18. √　19. ×　20. √　21. √　22. √　23. ×　24. ×
25. ×　26. ×　27. ×　28. √　29. √　30. √

四、名词解释

会计工作组织指会计机构的设置、会计人员的配备、会计法规制度的制定与执行以及会计档案的保管等一系列工作。

会计法是我国会计工作的基本法，也是我国进行会计工作的基本依据，在我国会计法规体系中居于最高层次地位。

会计档案是指会计凭证、会计账簿和财务会计报告等会计核算专业资料，是记录和反映单位经济业务的重要史料和证据。

五、简答题

1. 科学、有效地组织会计工作，对于实现会计目标，发挥会计职能作用具有重要的意义：

（1）有利于保证会计工作的质量，提高会计工作的效率。

（2）有利于确保会计工作与其他经济管理工作的协调一致。

（3）有利于加强单位内部的经济责任制。

（4）有利于贯彻执行国家的方针、政策和法令、制度，维护财经纪律，建立良好的社会经济秩序。

2. 企业内部会计管理制度是各单位根据国家会计法规、制度而制定的，旨在规范单位内部的会计管理活动。

各单位内部会计管理制度主要包括：

（1）内部会计管理体系。

（2）会计人员岗位责任制度。

（3）财务处理程序制度。

（4）内部牵制制度。

（5）稽核制度。

（6）原始记录管理制度。

（7）定额管理制度。

（8）计量验收制度。

（9）财产清查制度。

（10）财务收支审批制度。

（11）成本核算制度。

（12）财务会计分析制度。

3. 会计人员的主要职责有：

（1）进行会计核算。

（2）实行会计监督。

（3）拟定本单位办理会计事务的具体办法。

（4）参与拟订经济计划、业务计划。

（5）编制预算和财务计划，并考核、分析其执行情况。

（6）办理其他会计事项。

会计人员的主要权限有：

（1）会计人员有权要求本单位有关部门、人员严格遵守国家财经纪律和法规制度；认真执行本单位的计划、预算，对于内部有关部门违反国家法规的情况，会计人员有权拒绝付款、拒绝报销或拒绝执行，并应及时向本单位领导或上级有关部门报告。

（2）会计人员有权参与本单位编制计划、制定定额、对外签订经济合同，参加有关生产、经营管理会议和业务会议；有权了解企业的生产经营情况，并提出自己的建议。

（3）会计人员有权监督、检查本单位有关部门的财务收支、资金使用和财产保管、收发、计量、检验等情况。

4. 会计人员的职业道德是指会计人员在职业活动中应遵循的、体现会计职业特征的、调整会计职业关系的职业行为准则和规范。

我国会计人员的职业道德规范主要包括：

（1）爱岗敬业。

（2）诚实守信。

（3）廉洁自律。

（4）客观公正。

（5）遵守准则。

（6）提高技能。

（7）保守秘密。

（8）文明服务。

5. 会计档案的重要作用表现在以下几方面：

（1）会计档案是总结经验、揭露责任事故、打击经济领域犯罪、分析和判断事故原因的重要依据和证据。

（2）利用会计档案提供的过去经济活动的史料，有助于各单位进行经济前景的预测、进行经营决策、编制财务及成本计划。

（3）会计档案资料可以为解决经济纠纷，处理遗留的经济事务提供依据。

附录1 企业和其他组织会计档案保管期限

序号	档案名称	保管期限	备注
	一、会计凭证类		
1	原始凭证	15 年	
2	记账凭证	15 年	
3	汇总凭证	15 年	
	二、会计账簿类		
4	总账	15 年	包括日记总账
5	明细账	15 年	
6	日记账	15 年	现金和银行存款日记账 25 年
7	固定资产卡片		固定资产报废后保管 5 年
8	辅助账簿	15 年	
	三、财务报告类		包括各级管理部门汇总报表
9	月、季财务报告	3 年	包括文字分析
10	年度财务报告（决算）	永久	包括文字分析
	四、其他类		
11	会计移交清册	15 年	
12	会计档案保管清册	永久	
13	会计档案销毁清册	永久	
14	银行余额调节	5 年	
15	银行对账单表	5 年	

附录 2　预算会计档案保管期限

序号	档案名称	保管期限			备注
		总预算会计	单位预算会计	税收会计	
	一、会计凭证类				
1	国家金库编送的各种报表及缴库退库凭证	10 年		10 年	
2	各收入机关编送的报表	10 年			
3	行政单位和事业单位的各种会计凭证		15 年		包括原始、记账凭证和传票汇总表
4	各种完税凭证和交、退库凭证			15 年	交款存根联在销号后保管 2 年
5	财政总预算拨款凭证及其他会计凭证	15 年			
6	农牧业务税结算凭证			15 年	
	二、会计账簿类				
7	日记账		15 年	15 年	
8	总账	15 年	15 年	15 年	
9	税收日记账（总账）、税收票证分类出纳账		25 年		
10	明细分类、分户账及登记簿	15 年	15 年	15 年	
11	现金出纳账、银行存款账		25 年	25 年	
12	行政单位和事业单位固定资产明细（卡片）				报废清理后保管 5 年
	三、财务报告类				
13	财政总预算	永久			
14	行政单位和事业单位决算	10 年	永久		
15	税收年报（决算）	10 年		永久	
16	国家金库年报（决算）	10 年			
17	基本建设拨、贷款年报（决算）	10 年			
18	财政总预算会计旬报	3 年			所属单位报送的保管 2 年

（续表）

序号	档案名称	保管期限			备注
		总预算会计	单位预算会计	税收会计	
19	财政总预算会计月报、季度报表	5 年			所属单位报送的保管 2 年
20	行政单位、事业单位会计月、季度报表		5 年		所属单位报送的保管 2 年
21	税收会计报表（包括票证报表）			10 年	所属税务机关报送的保管 3 年
	四、其他类				
22	会计移交清册	15 年	15 年	15 年	
23	会计档案保管清册	永久	永久	永久	
24	会计档案销毁清册	永久	永久	永久	

注：税务机关的税务经费会计档案保管期限，按行政单位会计档案保管期限规定办理